城市市政设施养护与维修系列丛书

城市道路养护与维修

主　编　徐会忠　田章华　王云江
主　审　张海东

中国建材工业出版社

图书在版编目（CIP）数据

城市道路养护与维修/徐会忠，田章华，王云江主编．—北京：中国建材工业出版社，2018.8（2023.2重印）
（城市市政设施养护与维修系列丛书）
ISBN 978-7-5160-2341-9

Ⅰ.①城… Ⅱ.①徐…②田…③王… Ⅲ.①城市道路—公路养护 Ⅳ.①U418

中国版本图书馆 CIP 数据核字（2018）第 171174 号

内 容 简 介

本书主要内容包括城镇道路养护概述，道路检测、评价和养护对策，道路破损原因，路基养护，沥青路面一般病害维修，人行道维修，水泥混凝土路面养护，开挖与回填，道路附属设施的养护，预防性养护技术，城市道路挖掘修复技术，城市道路沥青路面补强，就地热再生，沥青路面冷补沥青混合料，道路养护作业安全防护，预养护。

本书可供从事道路工程、市政工程养护与管理的技术人员学习参考，也可作为普通高校土木工程、市政工程等相关专业的教学用书。

城市道路养护与维修

主编 徐会忠 田章华 王云江

出版发行：中国建材工业出版社
地　　址：北京市海淀区三里河路11号
邮　　编：100831
经　　销：全国各地新华书店
印　　刷：北京雁林吉兆印刷有限公司
开　　本：850mm×1168mm 1/32
印　　张：7.625
字　　数：180千字
版　　次：2018年8月第1版
印　　次：2023年2月第3次
定　　价：**42.00元**

本社网址：www.jccbs.com　　微信公众号：zgjcgycbs
本书如出现印装质量问题，由我社市场营销部负责调换。联系电话：(010) 57811387

《城市市政设施养护与维修系列丛书》编写委员会

顾　　问：王云江
主　　任：张海东
副 主 任：田章华　徐会忠　张文俊　王伟栋
　　　　　汪成森　张　君
委　　员：方黎刚　朱哲飞　朱家盛　刘永飞
　　　　　刘建华　许铁柱　陈　欣　罗　赟
　　　　　周晓亚　赵庆礼　崔红星　章怡人
　　　　　董其森　程鑫远　缪　祺

（编委按姓氏笔画排序）

《城市市政设施养护与维修系列丛书——城市道路养护与维修》编写委员会

主　　审：张海东
主　　编：徐会忠　田章华　王云江
副 主 编：张文俊　缪　祺　章怡人　董其森
参　　编：刘建华　汪成森　沈旭虹　张　君
　　　　　罗超雄　金礼定　周晓亚　郑永康
　　　　　施亚萍　商肖杰　楼　胤　潘　林
　　　　　　　　（参编按姓氏笔画排序）
编写单位：杭州市路桥集团股份有限公司

序

近年来我国城市道路、城市桥梁、城市管道、城市轨道与城市隧道建设发展迅速，未来几年建设任务更繁重。针对道路、桥梁、管道、轨道及隧道等使用时间的延长，交通量及轴重增大及气候环境恶化等因素影响，路面不同程度出现开裂，桥梁、管道破损等严重影响车辆的正常通行与安全。

为了延长道路、桥梁等基础设施的使用年限和保障其畅通，确保其服务水平与安全，必须本着"建养并重、以养为主、预防为主、防治结合"的原则，采取有效的养护措施，确保使用服务的水平，是养护工作的核心，将具有十分重要的意义。

多年来，杭州市路桥集团股份有限公司致力于城市道路、城市桥梁、城市管道、城市轨道与城市隧道的养护维修技术，为提高养护工作效益，减少养护安全投入，持续开展了许多道路、桥梁养护技术方面的研究，形成了一些新技术、新材料与新工艺，积累了丰富的经验，为了提高养护和维修的管理水平，保证基础设施的质量与安全，同时也便于现场一线技术和管理人员的学习与使用，编写了这套《城市市政设施养护与维修系列丛书》。本系列丛书主要包括：

(1)《城市道路养护与维修》

(2)《城市桥梁养护与维修》

(3)《城市管道养护与维修》

(4)《城市轨道养护与维修》

(5)《城市隧道养护与维修》

(6)《城市河道养护与维修》

本系列丛书力求使所述的内容详实、系统、新颖、实用,紧贴市政工程、养护维修一线的实际情况,突出实际应用的作用,可参考性强。通过本系列丛书,使养护维修的技术在实际施工中切实地加以落实,促进养护维修的同仁间的学习交流,并为提高市政养护维修管理水平尽微薄之力。

前　言

沥青路面与混凝土路面是我国城市道路的主要路面结构形式，且90%以上的高等级道路采用沥青路面，随着城市道路使用时间的延长，早期铺筑的路面已经进入维修期。同时，近年来由于气候环境恶化、交通量及轴重增大等因素影响，很多路面建成不久，即出现车辙、开裂、水损坏等早期病害，不仅影响车辆的正常通行，甚至造成行车安全，必须本着"建养并重、以养为主、预防为主、防治结合"的原则，采取有效的养护与维修措施。

本书基于实用、系统、可操作性强的目的，系统地介绍了城市道路沥青路面与混凝土路面的常见病害养护、预防性养护技术及沥青路面养护新技术等。全书共分为16章，内容包括：城镇道路养护概述，道路检测、评价和养护对策，道路破损原因，路基养护，沥青路面一般病害维修，人行道维修，水泥混凝土路面养护，开挖与回填，道路附属设施的养护，预防性养护技术，城市道路挖掘修复技术，城市道路沥青路面补强，就地热再生，沥青路面冷补沥青混合料，道路养护作业安全防护，预养护。

全书注重理论结合实际，并有针对性、实用性和可操作性。

由于时间仓促，本书难免存在一些疏漏、不足，真诚希望广大读者和同行提出宝贵意见。

目 录

1 城镇道路养护概述 …………………………………… 1
2 道路检测、评价和养护对策 ………………………… 14
   2.1 一般规定 ………………………………………… 14
   2.2 经常性巡查 ……………………………………… 15
   2.3 定期检测 ………………………………………… 16
   2.4 特殊检测 ………………………………………… 18
   2.5 路面技术状况评价 ……………………………… 19
   2.6 路面养护对策 …………………………………… 25
3 道路破损原因 ………………………………………… 26
   3.1 水损害破坏 ……………………………………… 26
   3.2 裂缝类病害 ……………………………………… 27
   3.3 变形类病害 ……………………………………… 30
   3.4 松散类病害 ……………………………………… 34
   3.5 麻面 ……………………………………………… 39
   3.6 脱皮 ……………………………………………… 39
   3.7 其他类病害 ……………………………………… 40
4 路基养护 ……………………………………………… 43
   4.1 一般规定 ………………………………………… 43
   4.2 路基翻浆 ………………………………………… 43
   4.3 路肩 ……………………………………………… 44
   4.4 边坡 ……………………………………………… 45

4.5　挡土墙……………………………………… 46
　　4.6　边沟、排水沟、截水沟……………………… 47
　　4.7　特殊土质路基………………………………… 48
5　沥青路面一般病害维修…………………………… 51
　　5.1　一般规定……………………………………… 51
　　5.2　裂缝修补……………………………………… 54
　　5.3　裂缝处置……………………………………… 68
　　5.4　坑槽修补……………………………………… 70
　　5.5　拥包和推移维修……………………………… 85
　　5.6　沉陷维修……………………………………… 87
　　5.7　车辙维修……………………………………… 91
　　5.8　波浪（搓板）维修…………………………… 96
　　5.9　麻面与松散维修……………………………… 97
　　5.10　泛油维修…………………………………… 98
　　5.11　脱皮维修…………………………………… 100
　　5.12　啃边维修…………………………………… 100
　　5.13　磨光………………………………………… 101
　　5.14　冻胀和翻浆………………………………… 102

6	人行道维修	104
	6.1 一般规定	104
	6.2 面层	104
	6.3 基础	106
	6.4 缘石	106
	6.5 其他构造物	107
7	水泥混凝土路面养护	109
	7.1 一般规定	109
	7.2 路面的日常养护	110
	7.3 常见破损的维修	111
	7.4 翻修及路面改善	113
8	开挖与回填	118
	8.1 开挖	118
	8.2 回填	119
	8.3 垫层和基层	120
	8.4 混凝土路面	123
	8.5 人行道	126
	8.6 掘路快速修复施工	128

- 9 道路附属设施的养护 ⋯⋯⋯⋯⋯⋯⋯⋯⋯⋯⋯⋯⋯⋯ 129
  - 9.1 分隔带及护栏 ⋯⋯⋯⋯⋯⋯⋯⋯⋯⋯⋯⋯⋯⋯ 129
  - 9.2 标志牌 ⋯⋯⋯⋯⋯⋯⋯⋯⋯⋯⋯⋯⋯⋯⋯⋯⋯ 129
  - 9.3 检查井、雨水口 ⋯⋯⋯⋯⋯⋯⋯⋯⋯⋯⋯⋯⋯ 130
  - 9.4 涵洞 ⋯⋯⋯⋯⋯⋯⋯⋯⋯⋯⋯⋯⋯⋯⋯⋯⋯⋯ 131
- 10 预防性养护技术 ⋯⋯⋯⋯⋯⋯⋯⋯⋯⋯⋯⋯⋯⋯⋯ 133
  - 10.1 裂缝填封 ⋯⋯⋯⋯⋯⋯⋯⋯⋯⋯⋯⋯⋯⋯⋯ 135
  - 10.2 乳化沥青稀浆封层 ⋯⋯⋯⋯⋯⋯⋯⋯⋯⋯⋯ 137
  - 10.3 微表处 ⋯⋯⋯⋯⋯⋯⋯⋯⋯⋯⋯⋯⋯⋯⋯⋯ 139
  - 10.4 沥青再生 ⋯⋯⋯⋯⋯⋯⋯⋯⋯⋯⋯⋯⋯⋯⋯ 142
  - 10.5 稀浆封层 ⋯⋯⋯⋯⋯⋯⋯⋯⋯⋯⋯⋯⋯⋯⋯ 143
  - 10.6 旧沥青路面玻璃纤维格栅罩面 ⋯⋯⋯⋯⋯⋯ 143
  - 10.7 表面服务功能减低 ⋯⋯⋯⋯⋯⋯⋯⋯⋯⋯⋯ 144
- 11 城市道路挖掘修复技术 ⋯⋯⋯⋯⋯⋯⋯⋯⋯⋯⋯⋯ 148
  - 11.1 道路挖掘对城市发展的影响 ⋯⋯⋯⋯⋯⋯⋯ 148
  - 11.2 路面修复后的主要病害 ⋯⋯⋯⋯⋯⋯⋯⋯⋯ 149
  - 11.3 挖路病害的成因机理分析 ⋯⋯⋯⋯⋯⋯⋯⋯ 149
  - 11.4 沥青混合料的拌制及运输 ⋯⋯⋯⋯⋯⋯⋯⋯ 151
  - 11.5 沥青面层的摊铺及压实 ⋯⋯⋯⋯⋯⋯⋯⋯⋯ 151

12	城市道路沥青路面补强	155
12.1	一般规定	155
12.2	路面补强	156
12.3	面层翻修	157
12.4	基层翻修	157
13	就地热再生	158
13.1	基本要求	158
13.2	就地热再生一般操作规程	159
13.3	红外线沥青路面就地热再生一般操作规程	160
13.4	微波沥青路面就地热再生一般操作规程	160
13.5	修路网沥青路面就地热再生一般操作规程	161
13.6	沥青路面就地热再生施工方法	163
13.7	就地热再生施工质量管理和验收	170
14	沥青路面冷补沥青混合料	172
14.1	冷补沥青混合料概述	172
14.2	冷补沥青混合料的生产	174

	14.3 冷补沥青混合料的施工	176
	14.4 与传统方法的比较	177
15	道路养护作业安全防护	178
	15.1 一般规定	178
	15.2 养护流动作业要求	180
	15.3 养护维修安全设施	180
	15.4 养护维修作业控制区	181
	15.5 人行道养护维修作业控制区	183
	15.6 养护维修安全作业	184
	15.7 文明施工与环境保护	185
16	预养护	187
	16.1 预养护理念	187
	16.2 养护前的准备	188
	16.3 水泥混凝土道路的修理	188
	16.4 沥青路面的修理	195
	16.5 人行道修补	198
	16.6 侧、平石修补	200
	16.7 井圈和井盖养护	201
	16.8 附属设施	201

16.9 桥梁养护方案 …………………………………… 202
16.10 管道疏通及检查井清捞施工方案 …… 210
16.11 管道CCTV检测 ………………………… 213
16.12 路灯设施施工 …………………………… 217
16.13 河道养护 ………………………………… 222
参考文献 ……………………………………………… 225

1 城镇道路养护概述

1. 城镇道路的养护应包括道路设施的检测评定、养护工程和档案资料。道路设施应包括车行道、人行道、路基、停车场、广场、分隔带及其他附属设施。

2. 城镇道路应根据快速路、主干路、次干路、支路等类别和技术状况进行养护和评价。

3. 根据各类道路在城镇中的重要性，宜将城镇道路分为下列三个养护等级：

（1）Ⅰ等养护的城镇道路　快速路、主干路和次干路、支路中的广场、商业繁华街道、重要生产区、外事活动及游览路线。

（2）Ⅱ等养护的城镇道路　次干路及支路中的商业街道、步行街、区间联络线、重点地区或重点企事业所在地。

（3）Ⅲ等养护的城镇道路　支路、社区及工业区的连接主次干路的支路。

4. 城镇道路的技术状况评价应分为四级：A 为优级、B 为良好、C 为合格、D 为不合格。

5. 城镇道路应根据不同的技术状况进行预防性养护工作，其主要内容应包括恢复磨耗层的功能、提高抗滑能力、早期出现的裂缝处理等。

6. 城镇道路养护工程应根据其工程性质、技术状况、工程规模、工程量等内容分为保养小修、中修工程、大修工程和改扩建工程四类。并可按下列规定划分。

（1）保养小修　为保持道路功能和设施完好所进行的日常保养。对路面轻微损坏的零星修补，其工程数量不宜大于 400m²。

（2）中修工程　对一般性磨损和局部损坏进行定期的维修工程，以恢复道路原有技术状况，其工程数量宜大于 400m²，且不宜超过 8000m²。

（3）大修工程　对道路的较大损坏进行的全面综合维修、加固，以恢复到原设计标准或进行局部改善以提高道路通行能力的工程，其工程数量宜大于 8000m² 或含基础施工的工程数量宜大于 5000m²。

（4）改扩建工程　对道路及其设施不适应交通量及载重要求而需要提高技术等级和提高通行能力的工程。

7. 人行道的改扩建工程，应设置道路无障碍设施，并应符合国家现行标准《城市道路和建筑物无障碍设计规范》JGJ 50 的有关要求。

8. 城镇道路的掘路开挖断面严禁上窄下宽。道路结构修复时应满足其使用功能和结构安全。

9. 城镇快速路的养护、维修应符合下列规定：

（1）快速路的养护维修作业应以机械化施工为主。

（2）快速路的养护管理部门应备有应急、抢险、救援人员及设备，保证快速清除事故车辆、路障、冰雪，恢复道路畅通。

（3）快速路上的声屏障、防眩、防撞、隔离、引导等设施出现破损、缺失应立即维修、补齐。

10. 城镇道路的养护应按养护里程配备养护设备、检测设备及专业养护技术人员。

11. 城镇道路养护单位应建立养护技术档案,并应符合下列要求:

(1) 城镇道路应以每条道路为单位建立档案。

(2) 养护技术档案应包括道路的基本技术数据,各类施工技术文件,巡检、年检的检测资料和图片等。

(3) 城镇道路养护单位宜实行计算机管理,并宜建立城镇道路养护管理系统。

12. 养护状况的评定

1) 一般规定

(1) 城镇道路养护状况评定的范围,应包括所有等级城镇道路养护状况的阶段检查与年度检查。阶段检查可由城镇道路养护管理基层单位自检,上级主管部门进行抽检;年度检查可由道路养护主管部门主持进行,提出检查分析报告。

(2) 城镇道路养护状况评定指标应包括道路各设施合格率和综合完好率。

① 城镇道路各设施合格率 (λ_{bi}):

$$\lambda_{bi} = \frac{m_i}{n_i} \times 100\% \tag{1-1}$$

式中 λ_{bi}——道路各设施合格率,%,其中 i 取值为 1~4,分别表示车行道、人行道、路基与排水、其他设施;

m_i——各类设施的优、良、合格单元数;

n_i——各类设施总检查单元数。

② 城镇道路综合完好率 (λ_z):

$$\lambda_z = \sum_{i=1}^{4} \lambda_{bi} \cdot \mu_i$$

式中 λ_z——城镇道路综合完好率,%;

μ_i——各类设施综合比例系数(表 1-1),i 取值为 1~4。

表 1-1　各类设施综合比例系数

设施种类	综合比例系数	设施种类	综合比例系数
车行道设施	$\mu_1=0.35$	路基与排水设施	$\mu_3=0.25$
人行道设施	$\mu_2=0.25$	其他设施	$\mu_4=0.15$

（3）按城镇道路设施的评定检查单元划分，在同一道路上应以 200～500m 为一个检查单元，不足 500m 长度的道路可单独作为一个检查单元。对同一单元内的各类道路设施的养护状况应分别进行评定。

2）病害与缺陷的界定

（1）沥青路面病害与缺陷的界定应符合下列规定：

① 坑槽：路面破坏成坑洼深度大于 20mm，面积在 $0.04m^2$ 以上。如小面积坑槽较多又相距 0.2m 以内，应合在一起丈量，此项包括井框高差。

② 松散：路面结合料失去粘结力、集料松动，面积 $0.1m^2$ 以上。

③ 拥包：路面局部隆起，坡峰坡谷高差在 15mm 以上。

④ 翻浆：路面、路基湿软，出现弹簧、破裂、冒泥浆现象。

⑤ 沉陷：路面、路基有竖向变形，路面下凹，深度 30mm 以上。

⑥ 脱皮：路面面层层状脱落，面积 $0.1m^2$ 以上。

⑦ 啃边：路面边缘破碎脱落，宽度 0.1m 以上，数量按单侧长度累加乘以平均宽度。

⑧ 泛油：高温季节沥青被挤出，表面形成薄油层，行车出现轮迹。

⑨ 车辙：路面上沿行车轮迹产生的纵向带状凹槽，深度 15mm 以上，面积按实有长度乘以 0.4m 计。

⑩ 龟裂：缝宽 3mm 以上且多数缝距在 100mm 以内，面积在 1m² 以上的块状不规则裂缝。

⑪ 网裂：缝宽 1mm 以上或缝距在 0.4m 以下，面积在 1m² 以上的网状裂缝。路面上出现的长度 1m 以上、缝宽 1mm 以上的单条裂缝或深度在 5mm 以上的划痕也应纳入网裂病害中，其数量按单缝累计长度乘以 0.2m 计；

⑫ 波浪（搓板）：路面纵向产生连续起伏，其峰谷高差大于 15mm 的变形。

⑬ 横坡不适：路面横坡小于 1%，或大于 3%，或中线偏移，或应设超高而无超高，或出现反超高的现象。

⑭ 平整度差：用 3m 直尺沿路面纵向每 100m 至少量三尺。尺底间隙：在沥青表面处至路面 12mm 以上，沥青贯入式路面 10mm 以上，沥青混凝土及沥青碎石路面 8mm 以上的，按整尺（3m）长度计算病害。也可采用连续式平整度仪检测的均方差值与规定标准值比较，大于标准值按病害计。同一横断面内只计最严重的一处。

（2）水泥混凝土路面病害与缺陷的界定应符合下列规定：

① 沉陷：路面连续数块板下沉，低于相邻路面板平面（或设计高程）、深度在 30mm 以上的，按全部下沉板块数量计算面积。

② 严重破碎板：裂缝将整块面板分割开，并有严重剥落或沉陷，碎裂面积小于半块按半块计面积，大于半块按一块计面积。

③ 坑洞：路面板粗集料脱落形成局部凹坑，面积在 0.01m² 以上。

④ 板角断裂：裂缝与纵横缝相交将板角切断，当其两个交点距角隅均大于 150mm，而边长一半伴有沉陷或碎裂时，按板角断裂部分计算面积。

⑤ 露骨：路面板表面细集料散失、粗集料暴露，面积在 $1m^2$ 以上的。

⑥ 拱胀：纵向相邻两块板或多块板相对其邻近板向上突起在 30mm 以上的，按突出的全部板块计病害面积。

⑦ 平整度差：用 3m 直尺沿路面纵向每 100m 至少量三尺，尺底空隙在 8mm 以上的，按整尺（3m）长度计算病害，也可采用连续式平整度仪检测的均方差值与规定标准值比较，大于标准值按病害计，同一横断面内只计最严重一处。

⑧ 错台：接缝处相邻两块板垂直高度差在 8mm 以上，按其中不正常板块的全部长度计算病害。

⑨ 唧泥：基层材料形成泥浆从接缝处或板边缘挤出，板底出现脱空，按挤出泥浆的接缝或板边长度计。

⑩ 裂缝：面板内长度 1m 以上的各种开裂。按其对行车的影响程度分为轻微、中等、严重裂缝三种。轻微裂缝缝宽度小于 2mm，无剥落；中等裂缝缝宽度 2～5mm，并有轻度剥落；严重裂缝缝宽度大于 5mm，并有严重剥落和沉陷。接缝边有长 0.5m、宽度 50mm 以上剥落时，也作为严重裂缝计算。

⑪ 接缝养护差：接缝内无填缝料，或出现填缝料与板边脱离、凹陷（凸出）在 10mm 以上的。

（3）人行道及其他构造物病害与缺陷的界定应符合下列规定：

① 当人行道及广场、停车场等构造物道面铺装材料为沥青类或水泥混凝土类时，应符合《城镇道路养护技术规范》CJJ 36—2016 的规定。

② 坑洞：人行道及其他构造物道面（含路缘石）的破损深度大于 20mm。

③ 错台：道面铺装接缝处相邻板垂直高差大于 6mm。

④ 拱起：多块板相对周围板向上突起，最大突起量在30mm以上。

⑤ 沉陷：道面铺装连续数块下沉低于相邻块（或设计高程）的深度大于20mm，面积在$1m^2$内。

⑥ 缺失：道面铺装的预制块或路缘石缺损。

（4）路基与排水构造物病害与缺陷的界定应符合下列规定：

① 路肩不整：路肩与路面衔接不平顺，低于路面20mm以上（黑色硬化路肩低于10mm）或高于路面；横坡小于路面横坡；不平整、不密实影响横向排水；路肩宽度小于设计宽度；路肩外缘不顺适，宽度差大于0.2m以上；

② 边坡破损：边坡坍方$3m^3$以上；边坡有冲沟、缺口宽0.3m以上；溜坡使边坡坡度陡于设计坡度；

③ 构造物损坏：挡墙、护坡等圬工体断裂、沉陷、倾斜、局部塌陷、松动，较大面积勾缝脱落；

④ 排水设施破损：雨水口、检查井产生断裂、沉陷、倾斜、局部塌陷、松动，较大面积勾缝脱落或井盖、箅子残缺；

⑤ 淤塞：边沟、截水沟、排水沟有淤积影响排水以及应有排水沟渠而缺少的现象。

（5）附属构筑物、标志、防护等其他设施病害与缺陷的界定应符合下列规定：

① 设施变形、缺损：设施残缺、位置不当、式样尺寸颜色不规范、不鲜明等；

② 设施损坏：设施出现断裂、沉陷、倾斜、脱落等局部损毁；

③ 设施功能失效：道路附属构筑物因各种原因无法正常使用。

3）养护状况调查方法

（1）城镇道路养护状况调查内容应包括车行道、人行道（含路缘石）、路基、排水设施、其他设施的破损状况，调查可采用全面或抽样调查方式，大城市较大规模调查工作宜采用先进仪器设备快速检查，其他可采用人工调查方法。

（2）城镇道路养护状况调查数据采集应由城镇道路养护管理机构组织进行，也可委托专门检测机构进行。参与数据的采集人员应熟悉路面病害类型区分，界定各类病害，准确丈量损坏面积，不规则形状的损坏面积应按当量面积计算，调查结果应记录于相关表格中。

4）养护状况评定指标

（1）城镇道路养护状况评定指标应由车行道完好率、人行道（含路缘石）完好率、路基与排水设施完好程度评分和其他设施完好程度评分构成（图1-1）。

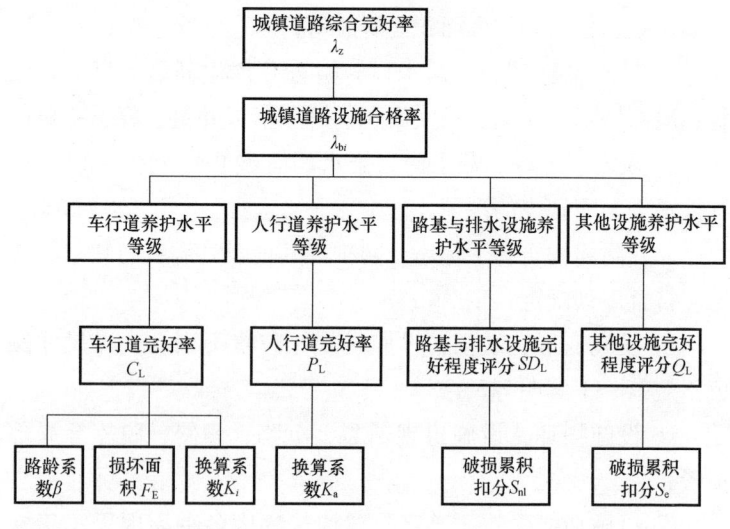

图1-1 评价指标体系图

(2) 分类检查项目与评定指标应符合下列规定：

① 车行道养护状况的检查评定 应将所调查车行道单元破损状况记录下来，然后按式（1-3）计算车行道完好率：

$$C_L = \frac{F_1 - \beta \sum F_{1i} K_i}{F_i} \times 100\% \qquad (1-3)$$

式中 C_L——车行道完好率，%；

　　　F_1——检查单元车行道总面积，m^2；

　　　F_{1i}——各类破损的实际面积，m^2，同一地点有两种以上病害时只记一次严重者（K_i 取大者）；

　　　β——路龄系数，其值见表1-2；

　　　K_i——路面各类破损换算系数，见表1-3。

表1-2 路龄系数 β

路龄		路龄系数 β
设计年限内		1.0
超设计年限（年）	1～5	0.9
	6～10	0.8
	11～15	0.7

注：路龄为该路建成年与检查年之差值。

表1-3 车行道各类破损换算系数 K_i 值

破损类型	沥青路面	水泥混凝土路面
裂缝	0.5	3
碎裂（网、龟裂）	1	3
断裂	—	10
松散	1	—
脱皮、泛油、露骨	1	1
坑槽、啃边	3	3
井框高差	3	3
车辙	0.5	—

续表

破损类型	沥青路面	水泥混凝土路面
沉　陷	3	3
拥　包	2	—
搓板或波浪	2	—
翻　浆	6	—
唧　泥	6	6
缝料散失	—	2
错　台	—	6

② 人行道养护状况的评定　应将所调查的人行道单元（单元划分与车行道同，含路缘石）破损状况记录下来，然后按式（1-4）计算人行道完好率：

$$P_L = \frac{F_2 - \sum F_{2i}}{F_2} \times 100\% \qquad (1-4)$$

式中　P_L——人行道完好率，%；

F_2——检查单元人行道总面积，m²；

F_{2i}——各类破损的实际面积，m²。

③ 路基与排水设施养护状况的检查评定　应按所调查路基与排水设施单元（单元划分与车行道相同）的破损状况记录下来，进行累积扣分后，按式（1-5）计算路基与排水设施完好程度得分值：

$$SD_L = 100 - S_{sd} \qquad (1-5)$$

式中　SD_L——路基与排水设施完好程度，分；

S_{sd}——路基与排水设施破损累积扣分。

④ 其他设施养护状况的检查评定　应按所调查其他设施单元（单元划分与车行道相同）的破损状况记录下来，进行累积扣分后，按式（1-6）计算其他设施完好程度得分值：

$$Q_L = 100 - S_f \qquad (1-6)$$

式中　Q_L——其他设施完好程度，分；
　　　S_f——其他设施破损累积扣分。

5) 养护状况评定

（1）城镇道路养护状况评定等级应按车行道、人行道、路基与排水、其他设施四类设施单元分别确定优、良、合格、不合格四级，以优、良、合格单元数占总检查单元数的百分比为该类设施的合格率（λ_{bi}），对每条城镇道路的四类设施合格率的加权平均值为该路养护状况综合完好率（λ_z）。

（2）车行道、人行道、路基与排水设施、其他设施养护状况及道路综合完好率的评定等级应符合表1-4～表1-8的规定。当出现结构强度不足时，设施养护状况评定等级不得为优、良。

表1-4　车行道养护状况评定等级标准

养护状况等级	完好率 C_L（%）			
	快速路	主干路	次干路	支路及其他
优	≥99	≥98.5	≥98	≥95
良	98≤C_L<99	97≤C_L<98.5	96≤C_L<98	90≤C_L<95
合　格	95≤C_L<98	93≤C_L<97	91≤C_L<96	85≤C_L<90
不合格	<95	<93	<91	<85

表1-5　人行道养护状况评定等级标准

养护状况等级	完好率 P_L（%）	养护状况等级	完好率 P_L（%）
优	≥98	合　格	91≤P_L<96
良	96≤P_L<98	不合格	<91

表1-6　路基与排水设施养护状况评定等级标准

养护状况等级	完好程度 SD_L（分）	养护状况等级	完好程度 SD_L（分）
优	≥90	合　格	60≤SD_L<75
良	75≤SD_L<90	不合格	<60

表 1-7 其他设施养护状况评定等级标准

养护状况等级	完好程度 Q_L（分）	养护状况等级	完好程度 Q_L（分）
优	≥90	合 格	60≤Q_L＜75
良	75≤Q_L＜90	不合格	＜60

表 1-8 城镇道路养护状况综合评定等级标准

养护状况等级	完好率 λ_z（%）			
	快速路	主干路	次干路	支路及其他
优	≥95.5	≥95	≥94.5	≥94
良	88.5≤λ_z＜95.5	88≤λ_z＜95	87.5≤λ_z＜94.5	85.5≤λ_z＜94
合 格	80≤λ_z＜88.5	79≤λ_z＜88	78.5≤λ_z＜87.5	76.5≤λ_z＜85.5
不合格	＜80	＜79	＜78.5	＜76.5

6) 检查记录与资料管理

(1) 城镇道路养护状况评定检查中所收集的原始数据应记录于相关表格中，并以每条道路为单位汇总，按表1-9填写。

表 1-9 城镇道路养护状况评定检查总表

道路名称： 管养单位： 检查评定时间： 检查评定部门：

单元序号	车行道养护状况		人行道养护状况		路基与排水设施养护状况		其他设施养护状况		
	完好率 C_L	等级	完好率 P_L	等级	完好程度得分 SD_L	等级	完好程度得分 Q_L	等级	
									道路综合完好率 λ_z
设施合格率 λ_{bi}									
加权系数	0.35		0.25		0.25		0.15		

（2）城镇道路养护状况检查评定原始资料与评定结果应整理造册，收入城镇道路养护管理档案。已建立城镇道路养护管理系统数据库的城市，应以电子文档的形式将各条道路历年养护状况评定结果保存，并应保存原始数据。

2 道路检测、评价和养护对策

2.1 一般规定

1. 对使用中的城镇道路必须按规定进行检测和评价,及时掌握道路的技术状况,并应采取相应的养护措施。

2. 城镇道路的检测应根据其内容、周期分为经常性巡查、定期检测和特殊检测,并应根据检测结果进行评价。

3. 城镇道路检测和评价的对象应包括沥青混凝土、水泥混凝土和砌块路面等类型的机动车道、非机动车道以及沥青类、水泥类和石材类等铺装类型的人行道。

4. 城镇道路的检测和评价工作应包括下列内容。

① 记录道路当前状况;

② 了解车辆和交通量的改变给设施运行带来的影响;

③ 跟踪结构与材料的使用性能变化;

④ 对道路检测结果进行评价;

⑤ 将评价结果提供给养护、设计部门。

5. 城镇道路的技术状况应根据检测和评价结果按相关规范的规定划分等级。

2.2 经常性巡查

1. 经常性巡查应由经过培训的专职道路管理人员或养护技术人员负责。

2. 经常性巡查应对结构变化、道路施工作业情况、各种标志及其附属设施状况等进行检查。

3. 经常性巡查宜以目测为主,并应于现场填写城镇道路巡查表。

4. 经常性巡查应按道路类别、级别、养护等级分别制定巡查周期。如Ⅰ等养护的道路宜每日一巡;Ⅱ等养护的道路宜两日一巡;Ⅲ等养护的道路宜三日一巡。

经常性巡查记录应定期整理归档,并提出处理意见。

5. 巡查过程中发现设施明显损坏,影响车辆和人行安全,应及时采取相应养护措施,特殊情况可设专人看护,并应及时填写设施损坏通知单。

6. 经常性巡查应包括下列内容。

(1) 路面及附属设施外观完好情况。

① 沉陷、坑槽、拥包、车辙、松散、搓板、翻浆、错台、检查井框与路面有高差、剥落、啃边、缺失、破损、淤塞等损坏情况;

② 检查井盖、雨水箅完好情况;

③ 积水情况。

(2) 路基沉陷、变形、破损情况等。

(3) 检查在道路范围内的施工作业对道路设施的影响。

(4) 其他损坏及不正常现象。

7. 在经常性巡查中，当发现道路沉陷、空洞或大于100mm的错台以及井盖、雨水口箅子丢失等影响道路安全运营的情况时，第一发现人应按应急预案处置，立即上报、设置围挡，并应在现场监视。

2.3 定期检测

定期检测可分为常规检测和结构强度检测。常规检测应每年一次。结构强度检测，快速路、主干路宜2~3年一次，次干路、支路宜3~4年一次。

2.3.1 常规检测

1. 常规检测应由专职道路养护技术人员负责。
2. 常规检测应符合下列规定。
(1) 对照城镇道路资料卡的基本情况，现场校核城镇道路的基本数据；
(2) 检测损坏情况，判断损坏原因，确定养护范围和方案；
(3) 对难以判断损坏程度和原因的道路，提出进行特殊检测的建议。
3. 常规检测应包括下列内容。
(1) 车行道、人行道、广场铺装的平整度；
(2) 车行道、人行道、广场设施的病害与缺陷；
(3) 基础损坏状况；
(4) 附属设施损坏状况。

2.3.2 结构强度监测

1. 结构强度检测应由专业单位承担,并应由具有城镇道路养护、管理、设计、施工经验的技术人员参加。检测负责人应具有 5 年以上城镇道路专业工作经验。

2. 结构强度检测应以路表回弹弯沉值表示。检测设备宜采用落锤式弯沉仪、贝克曼梁弯沉仪等检测设备。

3. 城镇快速路、主干路应进行路面抗滑性能检测,并以粗糙度表示,检测设备可选用锁轮拖车或摆式仪等。

2.3.3 定期检测评价单元

1. 定期检测的评价单元应符合下列规定:

(1) 道路每两个相邻交叉口之间的路段应作为一个单元,交叉口本身宜作为一个单元;当两个相邻交叉口之间的路段大于 500m 时,200~500m 作为一个单元,不足 200m 的按一个单元计。

(2) 每条道路应选择若干个单元进行检测和评价,应以所选单元的使用性能的平均状况代表该条道路路面的使用性能。当一条道路中各单元的使用性能状况差异大于两个技术等级时,则应逐个单元进行检测和评价。

(3) 历次检测和评价所选取的单元应保持相对固定。

2. 定期检测可采用下列仪器设备:

(1) 平整度的检测　宜采用激光平整度仪等检测设备;次干路、支路可采用平整度仪或 3m 直尺等常规检测设备。

(2) 路面损坏的检测　宜采用路况摄像仪等检测设备;次干路、支路可采用常规方法测量。

3. 沥青路面、水泥混凝土路面和人行道路面的损坏类型应符合《城镇道路养护技术规范》CJJ 36—2016 的相关规定，并应分别按规范要求填写损坏单项扣分表和路面损坏调查表。

4. 根据定期检测的结果，进行道路评价和定级。

5. 定期检测的情况记录、评价及对养护维修措施的建议，应及时整理、归档、上报。

2.4 特殊检测

1. 当出现下列情况之一时，应进行特殊检测。

（1）道路大修、进行改扩建时；

（2）道路发生不明原因的沉陷、开裂、冒水；

（3）在道路下进行管涵顶进、降水作业、隧道开挖等工程施工期间；

（4）道路超过设计使用年限时。

2. 特殊检测单位、参加人员和检测负责人应符合《城镇道路养护技术规范》CJJ 36—2016 的要求。

3. 特殊检测应包括下列内容。

（1）收集道路的设计和竣工资料；历年养护、检测评价资料；材料和特殊工艺技术、交通量统计等资料；

（2）检测道路结构强度；

（3）调查道路沉陷原因，检测道路空洞等；

（4）对道路结构整体性能、功能状况进行评价。

2.5 路面技术状况评价

1. 评价内容和指标应符合下列规定。

（1）沥青路面技术状况评价 内容应包括路面行驶质量、路面损坏状况、路面结构强度、路面抗滑能力和综合评价，相应的评价指标为路面行驶质量指数（RQI）、路面状况指数（PCI）、路表回弹弯沉值、抗滑系数（BPN 或 SFC）和综合评价指数（PQI）。沥青路面技术状况评价体系如图 2-1 所示。

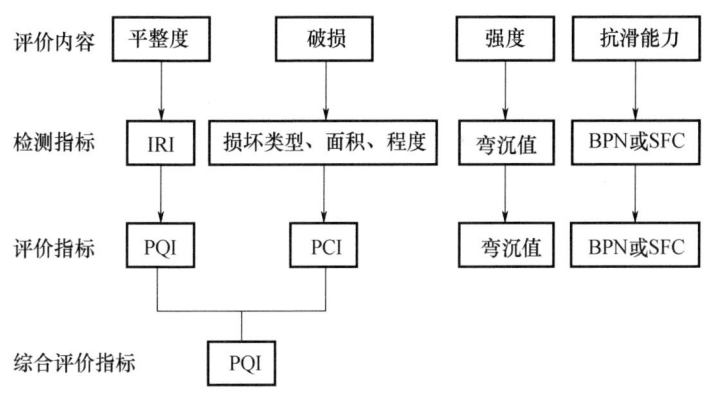

图 2-1 沥青路面技术状况评价体系

（2）水泥路面技术状况评价 内容应包括路面行驶质量、路面损坏状况和综合评价，相应的评价指标为路面行驶质量指数（RQI）、路面状况指数（PCI）和综合评价指数（PQI）。水泥路面技术状况评价体系如图 2-2 所示。

（3）人行道铺装技术状况评价 内容应包括平整度评价和损坏状况评价，相应的评价指标为人行道质量指数（FQI）和人行道状况指数（FCI）。

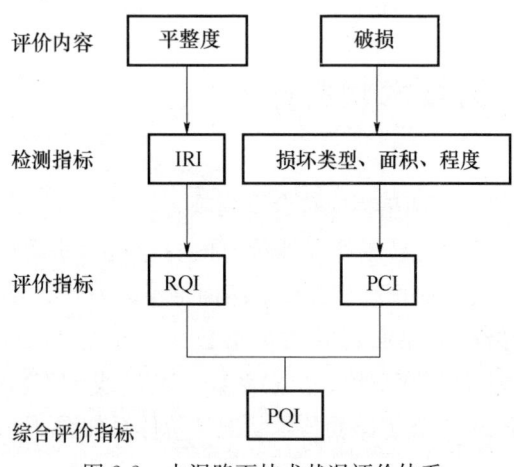

图 2-2 水泥路面技术状况评价体系

2. 路面行驶质量和人行道铺装质量评价应符合下列规定。

（1）路面行驶质量指数（RQI）和人行道质量指数（FQI）应采用式（2-1）计算。

$$RQI/FQI = 4.98 - 0.34 \times IRI \qquad (2-1)$$

式中 IRI——国际平整度指数。

RQI/FQI 的数值范围为 0～5。如果计算值为负值，则 RQI/FQI 取为 0。

（2）沥青路面和水泥路面路面行驶质量评价应根据 RQI、IRI 或平整度标准差（σ），将城镇道路路面行驶质量分为 A、B、C 和 D 四个等级，相应的评价标准应符合表 2-1 的规定。

表 2-1 沥青路面和水泥路面路面行驶质量评价标准

评价指标	A			B		
	快速路	主干、次干路	支路	快速路	主干、次干路	支路
RQI	≥3.6	≥3.2	≥3.0	≥3.0, <3.6	≥2.8, <3.2	≥2.6, <3.0
IRI	≤4.1	≤5.4	≤6.0	>4.1, ≤5.7	>5.4, ≤6.6	>6.0, ≤7.2

续表

评价指标	A			B		
	快速路	主干、次干路	支路	快速路	主干、次干路	支路
平整度标准差 σ (mm)	≤3.4	≤4.5	≤5.0	>3.4, ≤4.7	>4.5, ≤5.5	>5.0, ≤6.0

评价指标	C			D		
	快速路	主干、次干路	支路	快速路	主干、次干路	支路
RQI	≥2.5, <3.0	≥2.4, <2.8	≥2.2, <2.6	<2.5	<2.4	<2.2
IRI	>5.7, ≤7.3	>6.6, ≤7.8	>7.2, ≤8.3	>7.3	>7.8	>8.3
平整度标准差 σ (mm)	>4.7, ≤6.1	>5.5, ≤6.5	>6.0, ≤7.0	>6.1	>6.5	>7.0

注：平整度标准差 σ 评价指标仅在 RQI、IRI 数据收集有困难的情况下采用。

(3) 人行道铺装平整度评价应根据 FQI、IRI 或平整度标准差（σ），将人行道质量分为 A、B、C 和 D 四个等级。相应的评价标准应符合本表的规定。

3. 路面损坏状况评价应符合下列规定。

(1) 沥青路面和水泥路面路面损坏状况的评价指标应以路面状况指数（PCI）表示，PCI 应按式（2-2）计算。

$$PCI = 100 - \sum_{i=1}^{n}\sum_{j=1}^{m} DP_{ij} \times \omega_{ij} \qquad (2-2)$$

式中 PCI——路面状况指数，数值范围为 0~100，如出现负值，则 PCI 取为 0；

n——单类损坏类型数，对沥青路面，n 取值为 4，分别对应裂缝类、变形类、松散类和其他类；对水泥路面，n 取值为 4，分别对应裂缝类、接缝破坏类、表面破坏类和其他类；

m——某单类损坏所包含的单项损坏类型数，对沥青路面的裂缝类损坏，m 取值为 3，分别对应线裂、网裂和碎裂；其他单类损坏所包含的单项损坏类型数根据损坏类型表依此类推；

DP_{ij}——第 i 单类损坏中的第 j 单项损坏类型的单项扣分值，具体数值根据损坏密度，由损坏单项扣分表中的值内插求得；

ω_{ij}——第 i 单类损坏中的第 j 单项损坏类型的权重，其值与该单项损坏扣分值和该单类损坏所包含的所有单项损坏扣分值总和之比或与该单类损坏扣分值和所有单类损坏扣分值总和之比有关，具体数值应按相关规范确定。

(2) 路面损坏状况评价标准应根据路面损坏状况指数 (PCI)，将道路路面损坏状况分为 A、B、C 和 D 四个等级，相应的评价标准应符合表 2-3 的规定。

表 2-3 沥青路面和水泥路面路面损坏状况评价标准

评价指标	A			B		
	快速路	主干、次干路	支路	快速路	主干、次干路	支路
PCI	≥90	≥85	≥80	≥75, <90	≥70, <85	≥65, <80

评价指标	C			D		
	快速路	主干、次干路	支路	快速路	主干、次干路	支路
PCI	≥65, <75	≥60, <70	≥60, <65	<65	<60	<60

(3) 人行道路面损坏状况评价指标应以人行道状况指数 (FCI) 表示，FCI 应按式 (2-3) 计算。

$$\text{FCI} = 100 - \sum_{i=1}^{n} DP_i \times \omega_i \qquad (2\text{-}3)$$

式中 FCI——人行道状况指数，数值范围为 0～100，如出现负值，则 FCI 取为 0；

n——损坏类型总数,对人行道,n 取值为 3,分别对应裂缝、松动或变形和残缺三种损坏;

DP_i——第 i 类损坏的单项扣分值,具体数值根据损坏密度,由损坏单项扣分表中的值内插求得;

ω_i——第 i 类损坏的权重,其值与单项扣分值和所有单项扣分值总和之比有关,具体数值应根据相关规范确定。

(4)人行道损坏状况评价标准应符合表 2-4 的规定。

表 2-4 人行道损坏状况评价标准

评价指标	A	B	C	D
FCI	≥80	≥65,<80	≥50,<65	<50

(5)沥青路面、水泥路面和人行道的 PCI、FCI 的具体计算方法应符合《城镇道路养护技术规范》CJJ 36—2016 的规定。

4. 沥青路面结构强度评价应根据沥青路面路表回弹弯沉值,将不同基层类型和交通量等级的沥青路面结构强度分为足够、临界和不足三个等级。相应的评价标准应符合表 2-5 的规定,交通量等级划分标准应符合表 2-6 的规定。

表 2-5 结构强度评价标准

基层评价 交通量等级	碎砾石基层			半刚性基层		
	足够	临界	不足	足够	临界	不足
很轻	<98	98~126	>126	<77	77~98	>98
轻	<77	77~98	>98	<56	56~77	>77
中	<60	60~81	>81	<42	42~59	>59
重	<46	46~67	>67	<31	31~46	>46
特重	<35	35~56	>56	<21	21~35	>35

注:弯沉值以轴重 100kN 车为标准。

表 2-6　交通量等级划分标准（pcu）

交通量等级	很轻	轻	中	重	特重
交通量（AADT）	<2000	2000~5000	5000~10000	10000~20000	>20000

道路断面的年平均日交通量可按式（2-4）计算。

$$AADT = \sum N_i K_i \qquad (2-4)$$

式中　AADT——年平均日交通量；

　　　N_i——实测交通量；

　　　K_i——换算系数，应按表 2-7 所列规定选用。

表 2-7　交通量换算系数

车辆类型	小客车	中客车、大客车	铰接车	平板车	货 3—10	货 12—15	挂 7—8
K_i	0.5	1	2	4	1	1.5	1

5. 沥青路面抗滑性能评价应以摆值（BPN）或横向力系数（SFC）表示。根据 BPN 或 SFC，可将沥青路面抗滑能力分为 A、B、C 和 D 四个等级，相应的评价标准应符合表 2-8 的规定。

表 2-8　沥青路面抗滑能力评价指标

评价指标	A			B		
	快速路	主干、次干路	支路	快速路	主干、次干路	支路
BPN	≥42	≥40	≥38	≥37，<42	≥35，<40	≥33，<38
SFC	≥0.42	≥0.4	≥0.38	≥0.37，<0.42	≥0.35，<0.4	≥0.33，<0.38
评价指标	C			D		
	快速路	主干、次干路	支路	快速路	主干、次干路	支路
BPN	≥34，<37	≥32，<35	≥30，<33	<34	<32	<30
SFC	≥0.34，<0.37	≥0.32，<0.35	≥0.3，<0.33	<0.34	<0.32	<0.3

6. 沥青路面和水泥路面的综合评价指数 PQI 应按式（2-

5）计算，并应符合表 2-9 的规定。

$$PQI = T \times \omega_1 \times RQI + PCI \times \omega_2 \qquad (2-5)$$

式中　PQI——综合评价指数，数值范围为 0～100；
　　　T——RQI 分值转换系数，T 取值为 20；
　　　ω_1、ω_2——分别为 RQI、PCI 的权重；对快速路或主干路，ω_1 取值为 0.6，ω_2 取值为 0.4；对次干路或支路，ω_1 取值为 0.4，ω_2 取值为 0.6。

表 2-9　综合评价标准

评价指标	A			B		
	快速路	主干、次干路	支路	快速路	主干、次干路	支路
PQI	≥90	≥85	≥80	≥75，<90	≥70，<85	≥65，<80

评价指标	C			D		
	快速路	主干、次干路	支路	快速路	主干、次干路	支路
PQI	≥65，<75	≥60，<70	≥60，<65	<65	<60	<60

7. 道路技术状况评价结果应按相关规范的要求记录于设施分类年报表中。

2.6　路面养护对策

1. 沥青路面养护对策应符合《城镇道路养护技术规范》CJJ 36—2016 的规定。

2. 水泥路面养护对策应符合《城镇道路养护技术规范》CJJ 36—2016 的规定。

3. 人行道养护对策应符合《城镇道路养护技术规范》CJJ 36—2016 的规定。

3 道路破损原因

3.1 水损害破坏

在多雨地区的雨季或季节性冰冻地区的春融季节,路表面常常出现局部唧泥、松散、脱粒,最终导致出现大面积坑槽,这就是水损坏。若沥青面层混合料透水,这种病害就会普遍存在,成为路面最严重的早期损坏形式。使路面平整度明显变差,路面使用质量和服务水平显著降低。美国的透水性试验指出,只要混合料的现场空隙率小于8%,透水性就不会成为一个明显的问题,但当空隙率大于8%时,透水性就很快地增加,而且由试验得出压实度为100%时,实际沥青混凝土的空隙率约4%;压实度98%时,实际沥青混凝土的空隙率约6%;压实度96%时,实际沥青混凝土的空隙率约8%。对比我国规范规定的96%压实度,推论压实度标准偏低可能是造成路面早期破坏的原因,沥青混合料的离析和路面在局部压实不均匀是造成路面局部水损害的根源。宁波市城市道路水损害是沥青路面破坏的重要原因之一。

3.2 裂缝类病害

沥青路面建成后，不论基层是柔性的还是半刚性的，都会产生各种形式的裂缝。在雨季及春融季节，大量的水从裂缝中渗入路面基层，会使路面的承载能力逐渐下降，反过来又会造成路表面早期损坏。

1. 按路面开裂的主要原因，裂缝可分为三大类。

（1）由于行车荷载的作用而产生的结构性破坏裂缝，称之为荷载裂缝；

（2）由于沥青面层温度变化而产生的温度裂缝，包括低温收缩裂缝和温度疲劳裂缝，称之为非荷载裂缝；

（3）由于填土固结沉陷或地基沉陷引起的桥涵两端的横向裂缝，或在路段上出现较长的纵缝，称为沉降裂缝。

2. 按照裂缝的表现形式，可分为横向裂缝、纵向裂缝、网状裂缝、块状裂缝。

（1）横向裂缝

横向裂缝是指由于路面结构的收缩或不均匀沉降或其他原因所形成的与路面中线近于垂直的裂缝，其成因主要有四种。

① 基层材料收缩和温缩引起的横向裂缝　一方面在基层成型过程中，因基层材料失水收缩而形成规则的横向裂缝，另一方面基层材料因温度骤降而发生低温收缩开裂。这两种收缩变形使面层底面承受拉力，并随着温湿的循环变化及行车荷载的反复作用而发生疲劳破坏，从而导致沥青面层底面裂缝。

② 沥青混凝土面层材料的温缩引起的裂缝　横向裂缝有贯通全幅路面的,也有从路面边缘开始的不贯通裂缝。这类裂缝通常是靠边缘处缝的宽度大,向路面中心延伸裂缝逐渐变窄,直至裂缝尖灭。横向温缩裂缝表现为与交通方向垂直,缝上端开口宽,沿深度方向很快变窄,裂缝规则,无支缝,裂缝间距比较均匀。裂缝间距随沥青质量、面层混合料组成的情况以及基层材料特性的变化而变化。低温开裂具体是指由于气温的下降,沥青材料变得越来越硬,沥青混合料的黏滞流动性减小,并开始收缩,当体积收缩率超过黏滞流动所允许的范围时,就在沥青路面中产生温度应力,当气温大幅度下降时,沥青面层产生的收缩拉应力或拉应变将会超过沥青混合料的抗拉强度或极限拉应变,此时沥青面层就会首先在其表面开裂,随着持续的低温或下一次降温的到来,在裂缝的尖端会产生较大的应力集中,致使裂缝向下延伸并逐渐穿透整个沥青面层,形成沥青面层的低温开裂。

③ 差异沉降引起的横向裂缝　在性质差异较大的路基衔接处或构造物与路段相接处,因相邻路基或路基与构造物差异沉降导致基层开裂,并反射到沥青面层,形成横向裂缝。要预防横向裂缝的产生,则需合理的设计混合料的配合比。

④ 基层的缺陷引起的反射裂缝　对于半刚性基层,沥青面层的反射裂缝表现形式为横向裂缝,裂缝发展的规则性较差,裂缝分叉,常伴有支缝出现,裂缝间距比较均匀。反射裂缝在瞬间不可能贯穿整个路面宽度,较为合理的发展过程是裂缝首先在面层某些位置产生,然后再向两侧发展。一般情况下,反射裂缝多出现在行车道轮迹处,因为温度对反射裂缝的影响在整个路面宽度内是相同的,而行车荷载则是以一定的频率分布在行车道上,尤其是在渠化交通的道路上。这类裂缝发

生的初期,在行车轮迹处其宽度较大,两侧较细,且发展到后期,裂缝会贯穿全幅或半幅路面,依然表现为在行车轮迹处其宽度较两侧大,裂缝出现的位置与基层裂缝的位置是相对的。反射裂缝的多少、宽度与基层裂缝的多少、宽窄密切相关,且与行车荷载有很大联系;对于刚性基层(一般为旧混凝土路面),在混凝土板接缝处最容易发生反射裂缝,而且是垂直的。因为旧版接缝或者裂缝有横向的也有纵向的,所以这种反射裂缝既可能是纵缝,也可能是横缝,且裂缝宽度较大,扩展迅速,危害严重。

横向裂缝严重时通常贯穿整个路面宽度,有时伴有多个横向或斜向支缝。横向裂缝轻微时多为局部细线状裂缝。对于复合式路面,通常在混凝土的接缝处、沥青面层产生横向裂缝。

(2)纵向裂缝

纵向裂缝是与行车方向基本平行的裂缝。通常以单条裂缝形式出现,有时伴有少量支缝。纵向裂缝往往集中在原水泥混凝土路面板交接处,一方面由于老路基的不协调变形引起较大的弯拉应力造成的纵向开裂;另一方面由于旧路面板的纵缝或初始缺陷处置不合理,在交通荷载和温度应力的作用下逐渐形成的反射裂缝。其产生的原因有两种。

① 沥青面层分幅摊铺时,两幅接茬处未处理好,在荷载与大气因素共同作用下逐渐开裂;

② 由于路基压实不均匀或边缘受水侵蚀产生不均匀沉陷而引起。

(3)网状裂缝

网状裂缝也称龟裂,是相互交错的小网格状裂缝。网状裂缝的产生,反应出路面的强度不足以承受行车荷载的作用，其原因一方面是路面结构设计不合理，路基路面压实度不足，路面材料配比不当或未拌合均匀等；另一方面是由于路面出现横向或纵向裂缝后未及时封填，当雨水通过初期裂缝进入路面基层甚至土基，在车辆荷载的反复作用下，基层和土基强度下降，直至破坏并反射到面层上来形成龟裂。尤其在融雪期间冻融交加，加剧了路面的破损。沥青在施工期间以及长期使用过程中的老化也是导致沥青面层形成龟裂的原因之一。

（4）块状裂缝

块状裂缝是一种近似矩形裂块的交错裂缝，是纵向、横向裂缝密度增大并连通的结果。块状裂缝产生的原因可以分为三方面。

① 基层整体强度不足，沥青路面老化，在行车的作用下形成网状或不规则裂缝；

② 沥青面层偏薄，不符合设计要求，或交通量超过设计能力，造成网状或块状裂缝；

③ 沥青面层在温度周期性的变化下产生收缩，造成块状裂缝。

3.3 变形类病害

城市道路变形类病害主要包括拥包、松散、泛油、搓板、啃边、脱皮。沥青路面变形类病害包括车辙、推移、波浪（搓板）、拥包、沉陷等。

车辙是由于路面本身抗剪切不足造成的。推移和拥包是由于界面抗剪切不足造成的，也可能是铺装层与混凝土路面黏结力不足造成的，需区别对待。其中车辙是变形类病害中比较常见的病害。在一些红绿灯路口、公交站及路面由宽变窄的地方出现了大量的车辙。变形类病害降低了路面平整度，影响行车的舒适性，也有可能形成路面局部积水，极易发生汽车漂滑而导致交通事故。

3.3.1 车辙

车辙是在沥青路面表面形成的沿轮迹方向大于 10mm 的纵向凹陷。由于车辙的出现，使得路面平整度明显下降，直接影响了车辆的行驶速度和舒适性。车辙是我国公路沥青路面比较常见的病害，不仅发生在常年温度高的南方地区，而且在我国年平均气温较低的北方地区也多有发生。沥青路面的车辙主要有结构性车辙、流动性车辙、压实性车辙、磨损性车辙四种类型。

（1）结构性车辙　结构性车辙指的是路面结构层及土基在行车重复荷载作用下，材料压缩产生的永久累积变形，车辙断面一般呈两边高中间低的 V 形，同时常伴有网裂、龟裂和坑槽发生。

（2）流动性车辙　流动性车辙是炎热季节仅在沥青混凝土层内产生的侧向流动变形和形成的车辙，车辙断面一般呈 W 形，轮迹带处下陷周边隆起。

（3）压实性车辙　压实性车辙是指由于路面施工缺陷如混合料温度过低、压实次数过少等造成沥青层压实度不足，而在行车作用下进一步压实产生的车辙，这类车辙断面一般也呈 W 形。

（4）磨损性车辙　磨损性车辙是指由于重载渠化交通对路面的磨耗作用形成的车辙。

车辙多见于分道行驶、面层结构较厚的高等级公路，而在普通公路上较为少见。车辙会导致行车舒适性的降低，雨天车辙的积水对行车安全性也有极大的威胁。

在我国，由于基层基本上是半刚性材料，强度和刚度较高，不会产生塑性永久变形，沥青路面车辙基本上是由于沥青混合料面层的永久变形而致的流动性车辙。车辙病害多发生在高温季节，特别是多发生在超载、重载车辆较多的路段，以及纵坡爬坡路段。

3.3.2 推移

当沥青路面受到较大的车轮水平和竖向荷载作用时，路面表面可能出现推移和拥起。推移形成的主要原因如下：

（1）荷载作用　车轮荷载引起的垂直力和水平力的综合作用，使结构层层间产生的剪应力超过了材料的抗剪强度。

（2）行驶车轮的冲击和振动。

3.3.3 波浪（搓板）

搓板是指路面上形成的有规则的低洼和凸起变形。波峰与波谷交替出现，间隔很远，一般在 60cm 以内。

产生波浪的主要原因是路面组成材料设计不合理或施工质量差，导致路面材料不足以抵抗车轮水平力的作用，在纵坡段，由于高温的原因也会出现这种病害。

3.3.4 拥包

沿交通流方向，路表材料局部隆起的现象称为拥包。这类病害大多是由于路表材料稳定度低、交叉口车辆的频繁启动与制动、水泥混凝土与沥青路面粘结层处产生过大应力所致。此外，面层较薄以及面层与基层的黏性较差，也易产生推挤、拥包。

拥包产生的原因：

（1）沥青面层中沥青含量过多，黏度和软化点偏低，矿料级配不良，细料偏多，致使面层材料自身的高温抗剪强度不足，在行车作用下产生拥包。

（2）基层局部含水量过大，水分滞留于基层，或基层浮土过多，或透层沥青洒布不符合要求等原因，影响面层和基层之间的结合，在行车水平力的作用下，使路面产生推移而形成局部不规则隆起的变形。

（3）由于基层局部强度不足或水稳性不好，使基层松软在行车作用下，形成局部拥包。

3.3.5 沉陷

由于路基的竖向变形而导致路面下沉的现象称为沉陷，包括路基塌陷和台背不均匀沉降导致路面产生的大面积下陷变形。沉陷是公路建设中常见病害之一，影响行车舒适性，在高等级公路中，由于车速快，还可能对行车安全构成威胁。

造成路面沉陷的影响因素很多。软土地基处理不到位是其首要因素。软土地基的固结沉降时间太短，在路面通车后仍在固结沉降，导致路面出现不均匀沉降和局部产生大的沉陷。其次是半填半挖路基的结合部处理不当，使土基与填料在结合部产生裂缝和沉陷。再次，由于路基压实度不够也会导致路面局部深陷。路段压实度未达设计要求，在车辆荷载和水温变化的共同作用下，路基不可避免向下沉陷。此外，排水不完善，降水对土类填料产生侵蚀和软化等也是造成路面沉陷的原因。沥青路面变形类病害分级见表3-1。

表 3-1　沥青路面变形类病害分级

类型		分级	外观描述	分级指标
变形类	沉陷	轻	正常行车明显不适感	深度为 10～25mm，按面积计算
		重	正常行车有明显感觉	深度＞25mm，按面积计算
	车辙	轻	辙槽浅	深度为 10～15mm，按长度计算
		重	辙槽深	深度＞15mm，按长度计算
	波浪拥包	轻	波峰波谷高差小	高差在 10～25mm 之间，按面积计算
		重	波峰波谷高差大	高差＞25mm，按面积计算

3.4　松散类病害

松散是一种从表面向下不断发展的集料颗粒流失和沥青结合料流失而造成的路面损坏。松散可能出现在整个路面表面，但由于行车的作用，一般轮迹带处比较严重。

产生松散的原因主要是由于沥青和矿料之间的黏附性比较差，在水和冰冻的作用下，沥青从矿料表面剥离所致。产生松散剥落的另一种可能性是由于施工中混合料加热温度过高，致使沥青老化失去黏性。

松散类病害包括坑槽、松散、啃边等。路面出现坑槽往往从网裂、松散开始，也是城市路面很典型的破坏形式。常表现为路面材料发生松散、脱落，在车轮的反复作用下出现坑洞，影响车辆的安全与快速行驶。沉陷表现为路面局部塌陷，发生明显的路面沉降，沉降多数是由于基层或路基沉降引起的。

3.4.1 坑槽

水损害形成坑槽是沥青路面早期破坏的最常见的现象之一。在开始阶段，雨水由沥青路面大空隙或破损处渗入，停留在基层表面上，在行车荷载反复作用下形成动水压力，逐渐进入基层，形成灰浆，使沥青面层与基层脱开，灰浆被行车荷载挤压，再通过面层裂缝或面层混合料中的空隙唧到表面。在产生唧浆的位置，沥青面层产生网裂，接着一些碎裂的小块面层或基层材料被车轮带走，而逐步形成坑洞，并不断的扩大，最后形成坑槽。

车辆修理或机动车用油渗入路面，油污染使沥青混合料松散，经行车碾压逐步形成坑槽。预防坑槽损害，首先要选用黏附性和抗老化性强的沥青，恰当采用集料，合理设计混合料级配；其次要严格控制混合料的出厂、摊铺、碾压及终了温度，确保压实度达到规范要求，确保沥青面层的厚度和平整度；再次要确保路标排水畅通，以预防为主，对裂缝、小面积松散、沉陷等病害及时科学的维修，避免其迅速发展为坑槽。坑槽是局部集料丧失而在路面表面形成的坑洞，可深及不同的路面结构层次。坑槽按破损形式及成因可以分为四类。

1. 表面层产生坑槽

由于沥青路面表面层混合料空隙率较大、沥青与石料间的黏附力不强，路表水（雨水或雪水）进入并滞留在表面层沥青混合料中，在大量快速行车的作用下，一次一次产生的动力压力（孔隙水压力）使沥青从石料表面剥落下来，沥青路面便会出现局部松散破损，散落的石料被车轮甩出，路面自上而下逐渐会形成坑槽。这类坑槽通常深度为 2～4cm，是各类坑槽中最早产生，也是产生数量最多的一类。由于沥青混合料的不均匀性，坑槽总是首先在局部沥青混合料空隙率较大处产生，因此常是随机分布的一个个孤立的坑槽。这类坑槽在以半开级配沥青混合料为表面层的沥青路面上出现最多。

2. 表面层和中间层同时产生坑槽

当沥青路面表面层和中间层都是空隙率较大的半开级配沥青混合料，而底面层为空隙率较小的密级配沥青混合料时，路表的自由水比较易渗入并滞留在表面层和中间层内；当表面层是半开级配、中间层为密级配沥青混合料时，降水时间较长或路表有积水，使自由水渗入表面层后有较长时间从中间层的薄弱处渗入中间层，并滞留在表面层和中间层内。大量快速行车使此两面层内的沥青混合料中部分石料上的沥青剥落，使沥青混合料失去粘结强度，导致路表面产生网裂、形变（局部沉陷）和向外侧推挤，并最终出现崩解（粒料分离），大量大块破碎料被行车带离，形成坑槽。此类坑槽完全形成后深度一般为 9～10cm。

3. 底面层和基层间产生坑槽

路表水透过沥青面层（两层式或三层式）滞留在底面层和基层之间，在大量高速行车（特别是重载车辆）作用下，自由水产生很大的压力并冲刷基层混合料表面细料，形成灰白色浆。灰浆又被行车压挤，通过各种裂缝到达路表面；行车驶过后，部分灰浆和自由水又流向底面层和基层之间，如此一上一下，反复冲刷裂缝，使裂缝两侧产生新裂缝及碎裂破坏，并出现以裂缝为中心的局部下陷形变。当唧出的灰浆数量大时，可能立即产生坑槽；在数量小时，可使路面形成网裂或局部变形，这类路表水更容易渗入基层顶面，并形成恶性循环，最终导致坑槽出现。这类坑槽完全形成后，通常深度都大于 10cm，并且绝大多数都出现在车流量较大的行车道上或重载车辆较多的道路上。

4. 刚性组合式路面(含桥面)上产生坑槽

在水泥混凝土板上铺筑薄沥青面层的刚性组合式路面也是沥青路面的一种,为降低噪声和改善雨天行车安全性铺筑的薄沥青面层的厚度常为 3.5~4.0cm,而为了提高路面的平整度及改善行车舒适性,其铺设厚度一般为 5~8cm。沥青面层与水泥混凝土板之间黏附性不好,若路表水透过沥青面层滞留在耐水性较好的刚性板上,在车辆荷载作用下会产生动水压力,使两者之间的黏附性变得更差,并出现分层。由于沥青混合料摊铺厚度的不均匀性,沥青面层局部厚度过薄(小于 4cm),使得面层在车辆荷载的水平推力作用下推移而形成剥落和脱皮,最终产生坑槽。这类坑槽常出现在桥面上,且多数是成片出现。虽然桥梁、通道和立体交叉等构造物的总长度不长、沥青混合料面层铺装面积不大,但其单位面积出现坑槽的数量最多。按坑槽破损的大小及严重程度分类可分为三类。

(1)轻微破损 沥青表面层局部剥落、松散而产生的小而浅的坑槽,坑深不大于 2.5cm,坑槽面积小于 $1m^2$。

(2)中等破损 沥青表面层小面积剥落、松散而产生的小面积坑槽,坑深为 2.5~4cm,坑槽面积为 $1~3m^2$。

(3)较严重破损 沥青表面层和中间层出现网裂和局部沉陷而产生的较深的小面积坑槽,坑深为 4~10cm,坑槽面积小于 $3m^2$。

(4)严重破损 整个沥青面层出现网裂和局部下陷变形而产生的深坑槽,坑深大于 10cm,或小面积坑槽连成一片成为大面积坑槽,坑槽面积大于 $3m^2$。

3.4.2 松散

松散大多发生在沥青路面使用的初期。松散的原因是采用的沥青稠度偏低，粘结力差，用量偏少或所用的矿料过湿、铺撒不均匀或所有嵌缝料不和规格而未能被沥青粘结。对于松散类病害的处理主要根据病害严重情况，选择不同养护维修措施。目前根据维修工艺和维修设备的不同，沥青混凝土路面坑槽维修主要分为填料式坑槽修补、挖补式坑槽修补、热烘式坑槽修补和喷射式坑槽修补五类维修方式，常用的坑槽修补材料主要有热拌沥青混合料、冷补沥青混合料、喷补料和沥青混凝土预制块四类。其中最为常用的是热拌沥青混合料，其次是冷补沥青混合料。虽然喷补料也属于冷补沥青混合料，但两种材料施工工艺不同，喷补料需要专门的喷补设备同步喷射入坑槽中，正是由于该原因加之修补质量难于控制尚未在我国大面积推广使用。对影响表面功能性的松散目前主要采用雾封层、稀浆封层等预防性养护技术。

3.4.3 啃边

由于雨水的侵蚀和车辆行驶时对路面边缘的啃蚀作用，使路缘损坏，这种破坏现象叫啃边。啃边发生的原因可以归结为以下三类。

（1）路面宽度不适应交通量的需要，路肩不密实，机动车会车或超车时碾压路面边缘造成啃边。

（2）路肩与路面衔接不平顺，以致路肩积水，路面边缘湿软，在行车作用下形成啃边。

（3）沥青路面两边未设置路缘石或路基宽度不够。

在行车作用和自然因素影响下，沥青路面边缘不断缺损，参差不齐，路面重新回填压实土基，重作基层和沥青面层。

3.5 麻面

路面表层结合料散失，成片或成段地呈现过度的粗糙，这种现象为麻面。

麻面产生的主要原因是使用的沥青稠度过低，沥青的用量偏少或沥青加热时温度过高，与矿料黏附力不足。矿料粗集料级配过大、填料少或在低温、雨季施工等，均可使粒料脱落而形成麻面。另外，沥青的老化也能形成麻面。

3.6 脱皮

沥青路面面层层状脱落的现象称为脱皮，常表现为麻面（路面矿料局部散失、粗细不匀、呈麻点状）、磨耗（集料棱角磨成圆滑或平滑状态）、露骨（较粗的集料也散失，粗集料外露）。路面脱皮产生的原因主要有以下几点：

（1）铺筑面层时，基层未洒透层油，面层与基层粘结不良，在行车作用下，面层发生推移现象，形成脱皮。

（2）层铺法施工时，上下层间有浮土或因潮湿而形成隔层，表层被行车推移。

（3）面层矿料含土量大，粉料多或矿料潮湿，施工中碾压过度，矿料被压碎，形成阻碍油料渗透的隔离层，破坏了嵌缝料和主层矿料的粘结，在行车作用下使面层矿料脱落。

（4）在原沥青路面上加铺沥青层时，老路面上未洒黏层油，或低温施工，或加铺层渗水，在春融季节，行车的作用下，使加铺沥青层破坏脱落。

3.7 其他类病害

3.7.1 泛油

泛油是指由于粘结料或沥青溢出路面形成局部黑而光亮的斑面。路表水侵入面层内部并长期滞留在沥青层底部，在行车荷载的反复作用和动压水冲刷下，集料表面的沥青膜剥落成为自由沥青，并在水的作用下被迫向上部迁移，从而导致面层上部泛油而底部松散的沥青迁移现象。

路面产生泛油最主要的原因是混合料离析。混合料发生离析时，粗集料和细集料分别集中于铺筑层的某些位置，使混合料不均匀、配合比级配与原设计不符，混合料未达到原设计的粘结力。而混合料的不均匀导致集料和沥青分离，沥青集中到一处便形成泛油。混合料中沥青含量偏多，沥青稠度太低，混合料中空隙过少，沥青的高温稳定性差，也是产生泛油的主要原因。

3.7.2 磨光

磨光是指路面原有的粗构造在行车轮胎的摩擦作用下逐渐衰退或丧失，被磨光滑的现象。沥青路面在使用过程中，在车轮反复滚动摩擦的作用下，集料表面被逐渐磨光，有时还伴有沥青的不断上翻，从而导致沥青面层表面光滑，尤其是在雨季常会因此而酿成车祸。表面磨光的内在原因是集料质地软弱，缺少棱角或矿料级配不当，粗集料尺寸偏小，细集料尺寸偏小，细料偏多或沥青用量偏多等。

3.7.3 修补

修补是指因龟裂、坑槽、松散、沉陷、车辙等损坏处理后在路面表面形成的修补部分，路表外观上已修补的部分与未修补部分明显不同。修补本身并非损坏现象，但它反映路面曾经损坏并且已采取过修理措施的面积，同时，修补也影响行驶平稳和路容美观。

3.7.4 翻浆

季节性冰冻地区，春融时路基或路面基层含水量过大，强度急剧降低，在行车作用下造成中期湿软弹簧、路面破裂、冒出泥浆等的现象称为翻浆。

影响道路翻浆的主要因素有土质、温度、水分、行车荷载与路面等。其中水、土、温度构成翻浆的三个自然因素，缺少任何一个因素都不可能形成翻浆。翻浆现象的产生是它们综合作用的结果。翻浆等级见表3-2。

1. 土质因素

冻胀性强的土容易产生翻浆，如粉质土、黏质土。另外，当粉质土、黏质土中含有大量腐殖质和易溶盐时，更易产生翻浆病害。

2. 水分

我国的冰冻地区，年降雨量不同。一般来说降雨量大、气候比较潮湿的地区容易发生翻浆。特别是秋雨大时，冰冻前土基含水量大，来年春季发生翻浆的可能性就越大。在底面排水困难或地下水位较高的路段上，也容易发生翻浆病害。

3. 行车荷载

路面翻浆是通过行车荷载作用而最后形成和表现出来的。交通量越大，重车越多，越容易造成翻浆。

4. 路面

路面类型对冻胀和翻浆也有影响，如在比较潮湿的土基上铺筑沥青路面后，由于路面透气性较差，路基中的水分不能通畅地从表面蒸发，可能导致聚冰增加、冻胀量增大，以致出现翻浆。

表 3-2　翻浆分级

翻浆等级	路面变形破坏程度
轻	路面龟裂、潮湿、车辆行驶时有轻微弹簧
中	大片裂纹、路面松散、局部鼓包、车辙较浅
重	严重变形、翻浆冒泡、车辙很深

3.7.5　沥青质量问题

（1）低温裂缝。

（2）温度疲劳裂缝。

沥青混凝土配合比涉及存在的问题。有沥青混凝土拌合温度的控制、沥青混凝土的摊铺等。

4 路基养护

4.1 一般规定

1. 城镇道路路基养护应包括路基结构、路肩、边坡、挡土墙、边沟、排水明沟、截水沟等。
2. 路基应保持稳定、密实、排水性能良好。
3. 路基养护应符合下列规定：
（1）路肩应无坑槽、沉陷、积水、堆积物，边缘应直顺平整。
（2）土质边坡应平整、坚实、稳定，坡度应符合设计规定。
（3）挡土墙及护坡应完好，泄水孔应畅通。
（4）边沟、明沟、截水沟等排水设施坡度应顺适，无杂草，排水应畅通。
（5）对翻浆路段应及时维护处理。

4.2 路基翻浆

1. 对易发生翻浆的路段应加强预防性养护工作。雨季前，应检查整修路肩、边沟,补修路面碎裂和坑槽;雨季后应疏掏排水设施,修理边沟水毁;冬季应及时清除路面积雪,填灌修补裂缝。

2. 翻浆路段必须查明原因,对病害的范围、一般发生时间、气候变化、病害表面特征、路面结构、平时的养护情况等进行详细调查分析,作出记录,并应确定其治理方案。

3. 处理翻浆。

(1) 交通量小的路段或支路,可采取换土回填的措施。

(2) 钻孔灌注生石灰桩或干拌碎石等其他措施。

(3) 设置砂桩,桩距和根数可根据翻浆的严重程度确定。

(4) 有翻浆迹象的路段,应采取以下措施:

① 在路肩上开挖横沟,及时排除表面积水,横沟间距宜为3~5m,沟宽宜为300~400mm,沟深应至路面基层以下,且应高于边沟沟底;

② 路面坑洼严重路段,应设横纵向相连的盲沟并与边沟相通,当受边沟高程等条件所限,不能利用边沟排水时,可设置渗水井;

③ 挖补翻浆土基,可换填水稳定性良好的材料,压实后重铺路面。

4.3 路肩

1. 路肩应平整、坚实。
2. 路肩出现车辙、坑槽、边缘积土,应及时处理。
3. 路肩应有横坡,硬路肩横坡应大于路面横坡,土路肩横坡应大于路面横坡1%~2%。

4. 对土质松散的路肩，可采取以下稳定措施：

（1）采用石灰土或砾料石灰土稳定、硬化路肩；

（2）撒铺石屑或其他粒料进行养护；

（3）在路肩外侧，用块石或水泥混凝土预制块安砌护肩带，其最小宽度宜大于350mm；

（4）沿路面边缘安砌路缘石，其顶高与路边相同。

5. 城镇道路的路肩宜改建成硬路肩。

4.4 边坡

1. 边坡的坡面养护应保持设计的坡度，表面平顺、坚实。应经常观察路堑边坡的稳定情况，及时处理危岩，清除浮石。

2. 边坡养护应符合下列规定：

（1）边坡出现冲沟、缺口、沉陷及塌落时应进行整修；

（2）路堑边坡出现冲沟、裂缝时，应及时填塞捣实；如出现潜流涌水，应隔断水源，或采取其他措施将水引向路基以外。

3. 边坡防护与加固应符合下列规定：

（1）边坡防护应根据路基土质条件选用不同治理方法。可分为植被防护和坡面治理两类，亦可混合使用；

（2）对植物易生长的边坡，可采用种草、铺草皮及植树等植被防护措施；

（3）对陡边坡和风化严重的岩石边坡可采用抹面、喷浆、勾缝、灌浆、石砌边坡等坡面处理方法；

（4）采用片（块）石、卵石及混凝土预制块等材料铺砌护坡，在坡面径流流速小于1.5m/s地段可采用干砌，其厚度宜大于250mm；坡面径流流速大于1.5m/s或有风浪地段应采用浆砌，其厚度宜大于 350mm；

（5）对岩石开裂并有坍塌危险的边坡，应采用混凝土或钢筋混凝土修筑；

（6）对岩石挖方受雨水浸蚀出现剥落或崩塌不稳定的地方，可采用锚喷法加固。在加固范围内应设置泄水孔，涌水地段应挖水平泄水沟；

（7）对路堑或路堤边坡高差大且受条件限制，坡度达不到土壤稳定要求的边坡，应修筑挡土墙。

4. 边坡经加固后形成的护坡，应加强养护与检查，发现损坏应及时修理。

5. 对滑坡地段应加强观测，作好观测记录，分析可能出现的异常情况，并应及时采取下列措施：

（1）在滑坡体上方设置截水沟，滑塌范围内修建竖向（主沟）及斜向（支沟）排水沟；

（2）当滑坡体位于地下水位充沛的地段时，应设置盲沟或截断水源；

（3）修建抗衡坡体滑塌的挡土墙等构筑物。

4.5　挡土墙

1. 挡土墙应定期检查。发现异常现象，应及时采取措施，并应及时去除挡土墙上的草木。

2. 挡土墙应坚固、耐用、整齐和美观。

3. 墙体及坡面出现裂缝或断缝，应先做稳定处理，再进行补缝。

4. 挡土墙出现风化剥落时，应及时处置。

5. 挡土墙的泄水孔应保持畅通。挡土墙出现严重渗水时，应增设泄水孔或墙后排水设施。

6. 挡土墙发生倾斜、凹凸、滑动及下沉时，应先消除侧压因素，再选择锚固法、套墙加固法或增建支撑墙等加固措施。

7. 严重损坏的挡土墙，应将损坏部分拆除重建。

4.6 边沟、排水沟、截水沟

1. 边沟、排水沟和截水沟的淤积物应及时清除，沟内流水应畅通，断面应完好。沟断面破损时应及时整修恢复。

2. 土质边沟的纵坡坡度应大于0.5%，平原地区排水困难地段不宜小于0.2%。当土质为细砂质土及粉砂土且纵坡在1%～2%时，或粉砂质黏土且纵坡为3%～4%，或流量大时，必须加固边沟（表4-1）。

3. 对有可能被冲刷的土质边沟、排水沟、截水沟，其加固类型应结合地形、地质、纵坡等实际情况，可按表4-2选用。

表4-1 排水沟渠加固类型

型 式	加固类型	加固厚度（mm）
简 易	夯实沟底沟壁	—
	黏土碎（砾）石加固	100～150
	石灰三合土碎（砾）石加固	100～150
干 砌	干砌片石	150～250
	干砌片石水泥砂浆抹平	150～250
浆 砌	浆砌片石	150～250
	浆砌混凝土预制块	100～150
	砖 砌	60～120

表 4-2　边沟加固类型和纵坡关系

纵坡（%）	<1	1~3	3~5	5~7	>7
加固类型	不加固	土质好不加固 土质不好简易加固	干砌	干砌或浆砌	浆砌

4.7　特殊土质路基

1. 对盐渍土、湿陷性黄土、软土、多年冻土等特殊土质路基的养护，应因地制宜，做好保养小修。

2. 盐渍土路基排水系统应经常保持良好状态，出现坍塌、溶陷、路基发软、强度降低等病害，应采取下列防护及治理措施。

（1）加密排水沟，沟底应保持 0.5%~1% 的纵坡；对路基填土低、排水困难地段，应加宽加深边沟或在边沟外增设横向排水沟，其间距不宜大于 500m，沟底应有向外倾斜 2%~3% 的横坡；

（2）换填风积沙或矿料，其厚度不宜小于 300mm；

（3）打石灰桩或砂桩，深度应达冰冻线以下且呈梅花状排列，并应符合设计要求。

3. 湿陷性黄土路基出现的裂缝、剥落、沟槽、坍方、沉陷等病害，应根据不同情况，采取下列加固措施治理。

（1）减缓坡面，采取植被防护加固措施治理；

（2）冲刷不严重的路段，可采用黏土掺拌铡草进行抹面，并应隔 300~400mm 打入木楔；

（3）雨雪量较大的地区，应对坡面进行加固防护，形成护坡；

(4) 路基出现坑穴，可采用灌砂、灌浆或挖开填塞孔道后夯实，且应事先导水或排水；

(5) 路肩出现坑凹，可采用砂、土混合料改善表层，或采取硬化措施；路肩未硬化地段，应隔 20～30m 设盲沟一处，盲沟应与边坡急流槽相接。

4. 软土路基的沉降、冻胀、弹软、沉陷、滑动等病害，应根据不同情况，采取下列防治措施：

(1) 降低水位　当在路基两侧开挖沟渠的工程量不大时，可加深路堤两侧边沟；

(2) 反压护道　当路堤下沉，两侧或一侧隆起时，可采取在路堤两侧或一侧填筑适当高度与宽度的护道；

(3) 换土　将路堤病害处软土全部挖除，换填强度较高，透水性较好的砂砾石、碎石；

(4) 抛石挤淤　当软土液性指数大，层厚较薄，石料能沉至硬层处时，选用片（块）石块径不宜小于 300mm 抛石自路堤中部开始，逐步向两侧展开，挤出淤泥应予清除；抛石至一定高度经碾压后，在其上铺设反滤层，再填土至路基原有高度；

(5) 侧向压缩　在路堤坡脚砌筑纵向结构，限制软土侧向挤出，可采用板桩、木排桩、钢筋混凝土桩及片石齿墙等；

(6) 除以上治理方法外，还可采用砂石垫层、石灰桩、砂桩、袋装砂井、塑料排水板以及土工织物滤垫等方法。

5. 多年冻土路基的路堑边坡坍塌、路基不均匀沉陷、冻胀、翻浆、开裂、变形等病害，应根据不同情况，采取下列防治措施。

(1) 应采取保护冻土的原则，除满足最小高度外，应另加 500mm 保护层。路基填方高度不得小于 1m；

（2）养护材料应选用砂砾等非冻胀性材料；

（3）应加强排水，保持路基干燥；

（4）当受地形限制，路基填筑高度不够时，应铺筑保温隔离层；

（5）防护构造物应选用耐冻融性材料。

5 沥青路面一般病害维修

5.1 一般规定

1. 对于各种病害的维修，应根据维修季节、气温等实际情况采取相应措施。为防止病害发展和破损面积的进一步扩大，路面病害的处理应及时，宜早不宜迟。病害维修时间应有计划，作好材料准备，保证工序的衔接，凡需要将原路面挖出后机械作业的坑槽、沉陷、车辙等，宜当日开挖当日修补。

2. 沥青路面铣刨、挖除的旧料宜再生利用，沥青路面面层永久性修补不得采用水泥混凝土。

3. 沥青路面维修边线、纵横缝接茬宜使用机械切割，当沥青路面摊铺面积大于 $500m^2$ 时，宜采用摊铺机铺筑。

4. 采用铣刨机铣刨的路面，在修补前应将残料和粉尘清除干净，黏层油宜采用快裂型改性或非改性的阳离子乳化沥青或阴离子乳化沥青，如 SBS 改性乳化沥青、PC-3、PC-2 阳离子乳化沥青，PA-3 阴离子乳化沥青等，用量宜为 $0.4\sim0.6kg/m^2$。

5. 修补面积应大于病害的实际面积，修补范围的轮廓线应与路面中心线平行或垂直，并在病害面积范围以外 100～500mm。

6. 病害维修沥青混合料出厂时应有合格证明，混合料外观应拌合均匀、色泽一致，无明显油团、花白或烧焦。施工技术要求可参考现行《城镇道路工程施工与质量验收规范》CJJ 1—2008。

7. 铺筑沥青混合料时，大气温度宜在 10℃ 以上。低温施工时应有保证质量的相应技术措施，雨天时不得施工。

1) 沥青类路面初期养护要点

（1）热拌沥青混合料路面的初期养护

① 摊铺、压实后的热拌沥青混合料路面，待摊铺层自然冷却、混合料表面温度低于 50℃ 后方可开放交通。

② 纵横向的施工接缝是沥青类路面的薄弱环节，应加强初期养护，随时用 3m 直尺查找暴露出来的轻微不平，铲高补低，经拉毛后，用混合料垫平、压实。

（2）沥青贯入式路面的初期养护

① 路面竣工后，开放交通时，行驶车辆限速在 15km/h 以下，根据路表面成形情况，逐步提高到 20km/h。

② 设专人指挥交通或设置临时路标，按先两边后中间控制车辆易辙行驶，达到全面压实。

③ 应随时将行车驱散的嵌缝料回扫、扫匀、压实，以形成平整密实的上封层。当路面泛油后，要及时补撒与施工最后一层矿料相同的嵌缝料，同时控制行车碾压速度。

2) 沥青类路面日常养护要求

① 路况巡查。加强路况巡查，及时发现病害，研究分析病害产生的原因，并有针对性地对病害进行维修处置。

② 雨后路面积水应及时排除。

③ 在春融期，特别是汛期，应对排水设施进行全面检查

并疏通。

④ 冬季降雪天气应及时除雪除冰,并采取必要的路面防滑措施。

⑤ 加强经常性和预防性的日常养护,以保障路面及沿线设施良好的技术状况。

⑥ 严禁履带车和铁轮车在沥青路面上直接行驶,如必须行驶,应采取相应的保护措施。

3) 沥青路面病害治理的要求

① 对各种路面病害应分析其产生的原因,并根据路面的结构类型、设计使用年限、维修季节、气温等实际情况,及时采取相应维修处置措施,防止病害扩大,并应符合沥青路面养护标准。

② 高速公路和一级公路路面病害的维修应采取机械作业,所使用的沥青混合料宜集中厂拌,并采取保温措施;其他等级的公路应逐步提高维修作业的机械化水平。

③ 对病害的维修事先应有周密的计划,做好材料准备,保证工序之间的衔接,对坑槽、沉陷、车辙等需将原路面面层挖除后进行机械修补作业的病害,宜当日开挖当日修补,并设置警示标志保障行车安全。

④ 修补面积应大于病害的实际面积,修补范围的轮廓线应与路面中心线平行或垂直,并在病害面积范围以外 100~150mm,应采取措施使修补部分与原路面连接紧密。

⑤ 在病害的处置中,凡需重新做面层的,其技术要求应符合现行《公路沥青路面施工技术规范》JTG F40—2004 的规定;凡需重新做几层的,其技术要求应符合现行《公路路面基层施工技术规范》JTG/T F20—2015 的规定。

5.2 裂缝修补

对于裂缝类病害，目前主要是根据破坏程度、类型等选择不同的处置措施。对于轻微裂缝主要采用沥青灌缝方法，对裂缝宽度较大且裂缝形式较为线性的路段，则是在裂缝处开槽清理杂物后，进行填缝，对于大面积不规则裂缝主要采用稀浆封层、罩面、加热修补、再生法、铣刨机铣刨以后重铺等技术。

道路开放交通后，路面直接承受交通荷载和自然环境因素的综合作用。随着服务年限的延长，材料逐渐老化，在荷载与环境作用下产生车辙、开裂及水损坏等。这些破坏表现在路面表面，达到一定程度后会影响汽车行驶速度、时间、安全性和运输费用。为了评估和预测不同形式的损坏对路面使用与服务性能的影响，需要研究各种损害产生的原因及其表现形式，并对这些损坏合理分类，分析研究其对路面结构、使用性能与路面寿命的影响。

路面功能性损坏主要表现在路面表面上，影响路面的服务性能，其产生的原因往往可以从其表现形式判断出来。由于功能性损坏主要影响行驶质量和安全特性，一般用平整度、抗滑阻力、纹理深度、反光、噪声等指标评价。结构性破损的结果反映到路面上就是各种形状的裂缝。有些结构性损坏，如基层的开裂在扩展道路表面之前是不可见的。

5.2.1 轻微裂缝处置

在高温季节，全部或大部分可愈合的轻微裂缝，可不加处理。在高温季节不能愈合的轻微裂缝，可采用下列方法处置。

1. 沿裂缝涂刷少量稠度较低的沥青。

2. 由于路面基层温缩、干缩引起的纵向或横向的裂缝，缝宽在5mm以内的，可采用稠度较低的热沥青（缝内潮湿时应采用乳化沥青）灌缝并撒石屑或粗砂封堵、捣实。缝宽在5mm以上的，把缝内处理干净后，用热拌沥青混合料填入缝中，捣实。缝内潮湿时应采用乳化沥青混合料。

5.2.2 裂缝维修基本规定

1. 缝宽在10mm以内，应采用热沥青灌缝，缝内潮湿时应采用乳化沥青灌缝。

2. 缝宽在10mm以上，应采用细粒式热拌沥青混合料或乳化沥青混合料填缝。

3. 大面积裂缝，如基层强度较好，可采用乳化沥青稀浆封层（封层厚度3～6mm）或加铺沥青上封层。

裂缝宽度和密度界定见表5-1。

表5-1 裂缝宽度和密度界定

裂缝	等级	描述
宽度	轻微	宽度处于2～10mm之间的单独裂缝，裂缝边缘未出现凹陷等变形现象
	中等	宽度处于2～10mm之间的单独或多重裂缝，以及宽度在10mm以下边缘出现凹陷等变形现象的裂缝
	严重	单独或多重裂缝，有凹陷或变形。裂缝宽度超过20mm，或低于20mm但边缘出现破碎现象的裂缝
密度	间歇	裂缝率小于20%，横向裂缝间隔在30～40m之间
	频繁	裂缝率处于20%～50%之间，纵向裂缝局部存在或分布于整个路面，横向裂缝间隔在20～30m之间
	严重	裂缝率大于50%，横向裂缝间隔为10～20m

5.2.3 封缝材料

(1) 冷补材料　宜选用慢裂或中裂阳离子乳化沥青或聚合物改性液态沥青,可利用其流动性好的特点,依靠较好的渗透力治愈较深的裂缝。建议乳化沥青黏度为 2~10,乳化沥青蒸发残留物含量≥50%,蒸发残留物针入度为 50~200,15℃残留物延度宜大于 40cm。

(2) 热补材料　宜选用橡胶改性沥青、SBS 改性沥青、丁苯橡胶改性沥青、聚乙烯改性沥青等,要求夏季能抵抗软化和车轮的粘着,冬季能抵抗低温应力。

(3) 其他化学处置材料　如低硅树脂、环氧树脂改性沥青等。

(4) 密封胶　宜选用硅树脂密封剂、聚硫密封胶或硅酮道路密封胶等材料。

5.2.4 裂缝维修一般操作规程

(1) 裂缝开槽　根据裂缝的具体情况,决定开槽的必要性和凹槽的尺寸;对于微缝和未成熟的裂缝,开槽填封不太合理,也不经济,这种裂缝,宜省去"开槽"工序。

(2) 裂缝清理　彻底清洁裂缝处的泥土、杂物,对裂缝进行干燥处理。

(3) 封缝料填装　选择合适的填缝材料,并按其实用方法和工艺要求进行施工。

(4) 封边修整　实填封材料最后成型,并使用吸收材料防止轮印和溜滑问题。

(5) 养护　封缝完成后,将路面的碎渣清扫干净,在封缝料性能稳定后才可开放交通,开放交通的具体时间视现场情况与气温而定。

5.2.5 施工技术要求

1. 切槽尺寸

凹槽位置应均匀分布在裂缝的中央,避免破坏裂缝边缘,宽深比大于或等于1($W/D \geqslant 1$),凹槽宽度≤30mm,宽度和深度的建议值为:30mm×15mm、25mm×12mm、12mm×12mm。圆形或V形的凹槽易引起裂缝周围沥青混凝土的松散,应选择合理的铣刨方式将凹槽切成正方形或矩形。避免在老化的路面处开槽,对于新出现的微缝,应采用直接灌缝的方式。

2. 清洁

裂缝未清洁彻底或裂缝潮湿易引起填缝料粘结性不足而导致材料破坏,在填装封缝料前应对裂缝进行清洁,裂缝的清洁应按照以下步骤进行:

(1)在开槽前,宜采用大型专业扫路机或空气吸尘器清扫路面,将灰尘等杂质从路面清除,确保杂质不会又吹回裂缝中,减少粉尘对周围环境的影响。

(2)在封缝前,开槽时留下的碎石残片和松散的沥青混凝土碎片宜采用工业真空吸尘器等设备清理。

(3)使用热空气枪加热、干燥凹槽表面,喷头需离裂缝或凹槽5~10cm,对凹槽进行加热至140~160℃。填缝施工在较冷(5~10℃)时开展,应使用空气加热枪。

3. 封缝料的准备和填装

在浇灌之前,先在双层套筒里加热封缝料,热油在外层套筒里循环,防止对封缝料直接加热,从而减少封缝料老化现象。填缝料应尽可能使用厂商提供的最低温度加热(施工温度建议165~185℃),避免重复加热和低温通宵加热。

5.2.6 施工注意事项

(1) 天气条件　施工时,环境温度 5~7℃;有雾和露水的天气不应施工;早晨施工应等有日光直射才能开展。

(2) 开槽　切槽的刀片应尽可能锋利,尽量使路面的松散开裂最小;铣刨机工作人员应穿戴适当的保护装置,如安全帽、反光衣、长衣长裤、钢趾靴、防护眼镜、听力保护设备;铣刨机上的防护和安全装置保证运行正常;铣刨机沿着裂缝无阻碍操作;槽周围不能有松散的沥青混凝土。

(3) 材料准备　一个工作日内,封缝料的灌注温度不能超过厂商提供的标准。

(4) 清洁路面和凹槽　宜采用扫路机或空气吸尘器清除路面杂物,空压机应提供至少 700kPa 的高压热风。加热空气枪应在封缝料灌注前及时运行,30min 确定一次凹槽清洁情况;在清洁后,应确认凹槽或裂缝边缘、侧壁处干燥,没有明显的颗粒状杂物。

(5) 封缝料灌浇　灌浇温度应在建议值范围内,并尽可能低;停止施工的时候封缝料应泵回油罐中;帖封型结构优于无帖封型,应尽可能使用;封缝料应留有富余;施工后,要避免因湿气引起的起泡现象。

(6) 封缝料保护　在十字路口处,建议热拌封缝料表面覆盖木屑,乳化沥青不需要覆盖;在封缝料固化前,车辆应避免压在封缝处;乳化沥青处理处也应如此。

5.2.7 施工验收

完工后,施工单位应将全线以 1~3km 作为一个评定路段,对裂缝封缝路段进行自检。施工单位应在规定时间内提交自检报告,申请交工验收(表 5-2)。

表 5-2 裂缝封缝交工验收要求

项目		质量要求	检验频率	检验方法
表面质量	外观	表面平整、密实、均匀;封缝料表面光滑,无颗粒状胶粒、无轮迹、无划痕	处理路段连续	目测
	贴封条外观	封缝料贴封条边缘整齐、表面平整		
	开槽尺寸	开槽宽度≤30mm,宽深比≥1	处理路段随机抽样	游标卡尺
	封缝料宽度	贴封式≤50mm,无贴封式≤30mm;对于贴封式,封条应突出凹槽边缘5~10mm		
	封缝料高度	封缝料高于路面1.5~2.5mm		
路表渗水系数		封缝处不渗水	处理路段随机抽取	T0971
国际平整度 IRI		要求裂缝处理前后,平整度降低率≤5%	处理路段连续	激光平整度仪或颠簸累积仪

裂缝的封顶应根据所选用的填封材料决定是否对裂缝进行封顶,比如硅树脂和乳化沥青不容易被车轮带走,可采用贴封式或帽封式,而其他容易被车轮带走的材料最好不要采用这种方式。用橡胶改性沥青进行填缝,必须明确是将其做成贴封式还是帽封式结构。一般帽封式结构需要的劳动力很少,但修复的效果没前者好,因为用刮刀或滚轴对裂缝上面多于填充料进行修整将有助于"热粘结"形成一个整体带,而帽封式结构在裂缝填充后,缝面上的材料可能会继续流动,将导致材料性能下降,因为材料在自动整平后可能会随着温度变化而收缩。贴封式条带一般宽度为76~127mm,厚度为3~5mm,这种方式不切割裂缝,从而使得填缝作业变得方便快捷,贴封式从设计上给裂缝面增加了磨耗带,从而改善了开槽式填缝的性能。

帽形封顶施工时刻较梯形封顶施工少用一名工人，但处置效果降低，帽形封顶材料容易发生扩散性流动而变平，材料温度降低较快，与刻槽的黏附不够充分。

填充结构形式应选择合适的填缝和灌缝构造，是一项复杂的工作，可参见表5-3所列的建议确定。

表5-3 材料填充结构形式的选择

考虑因素	应用类型
类型和应用范围	多数灌缝和某些填缝不需进行裂缝的切割处理，而一些地区对裂缝进行切割却很有必要
交通因素	缝上有条带的填/灌缝要经受车辆的磨损，在裂缝边缘产生高的拉应力，因此易导致裂缝内部断裂
裂缝特征	封顶式比较适合于有一定程度边缘碎裂的裂缝（>10%的裂缝长度），条带可同时填封损坏的裂缝边缘
材料类型	乳化沥青、沥青和硅树脂等材料不能经受交通的作用，在交通车轮的磨损下，极易产生轮迹和磨损问题
长期性能	对于长期填缝、灌缝性能有需求时，平缝式和刻槽梯形封顶式应比较实用
外观	条带式和组合式影响路面的外观
费用	省略裂缝切割工艺可减少设备和劳力费用，组合式需要更多的材料，因此费用也较高

5.2.8 裂缝的处置工艺

裂缝的封闭处置方法通常由5个步骤组成。

1. 裂缝的整修

在对裂缝进行填缝和灌缝前应该根据裂缝开裂程度采取不同的整修措施。裂缝修复如果存在以下三种情况时，可以不开槽填缝。

① 对于较细的微缝和未成熟的裂缝（缝宽＜6mm），在随着气温的变化过程中，还有合缝的可能，再开槽填封就不太合理，也不经济，因此不需要开槽。

② 对于无或少水平位移裂缝，或纵向裂缝的填封修补，考虑到节约成本和开槽时间等因素，亦可以不开槽。

③ 如果裂缝填缝是为了应急，或填缝时施工环境条件非常恶劣，或按永久性修补工艺过于耗时或无法实施时，可考虑采取应急性（即临时性）修补工艺，即直接采用适于应急修补的材料（改性乳化沥青）对破损裂缝进行填封修补。

对于较宽的成熟裂缝（缝宽≥6mm），需将破损裂缝开槽后修补。裂缝凹槽通常可采用专用的开槽机或混凝土切割机沿裂缝中的松散碎屑、旧料等杂物切削，露出一个坚实的、整齐的裂缝壁面，使填封材料能够顺利地填入裂缝底部，增加填封材料与裂缝壁面间的接触面积，提高其粘结性能，延长填封裂缝的寿命。大的形状参数（宽而浅的开槽）则会增加黏附性。因此，槽的形状参数宜取大一些，通常取的值有1∶1（如19mm×19mm方槽）和4∶1（如40mm×10mm浅槽）。开缝有关事项如下。

① 为保证填封裂缝的有效性和耐久性，需对裂缝（或凹槽）进行彻底清洁和干燥。未清洁和潮湿的裂缝壁面会导致与填封材料的黏附性下降，易造成填封材料脱出而使填封裂缝失败。

② 裂缝的清理和干燥工作在整个施工工艺过程中非常重要。在裂缝处于干燥状态下进行填封修补，平均使用寿命为潮湿状态下填封修补的2～4倍；在施工气温大于4℃时，填封裂缝获得的寿命通常比施工气温较低时的寿命更长些。

③ 清缝的方法一般有压缩空气吹、喷砂处理、钢丝刷扫

或高压水喷等方法,其中较为有效、简单的方法有高压空气和热空气吹扫两种,常用于开槽后裂缝壁面的清洁和干燥。高压空气吹扫可以有效吹走缝中的灰尘、碎屑、杂物和少量水分。吹扫裂缝的压缩空气压力一般为 0.6MPa,风量在 $4\sim5m^3/min$,同时,这种方法还可将裂缝附近(距裂缝左右 15cm 范围内)的路表面吹扫干净,并用带导向的防护罩防止被吹散的材料飞溅到旁边车道上。高压空气吹扫清缝的方式适合裂缝处在干燥状态、气温较高的较理想施工条件,而不适合裂缝处于潮湿状态、气温较低等较恶劣的施工条件下裂缝的清理和干燥。热空气吹扫方式是用温度较高的压缩空气吹扫裂缝,它可以有效地吹净裂缝中的灰尘、碎屑和杂物,而且还能将裂缝内的潮气、水分蒸发掉,使裂缝完全干燥,同时还可进一步地加热裂缝壁面材料至较高的温度,甚至可使被加热壁面材料至黏性的状态。这时再进行裂缝填封修补,不仅可以大大地提高填封材料与裂缝壁面材料的粘结效果,而且有助于保持填封材料自身良好的粘结性。热空气吹扫不论是在较理想施工条件,还是在较恶劣施工条件下,都能实现对裂缝的清理,是一种较佳的清缝方式。

2. 封面准备

在对裂缝进行填封修补前,必须事先将所选用的填封材料和仪具,根据其实用方法和填装的要求准备好。主要仪具有沥青锅、沥青分配器、嵌缝条安放工具、输料器等。每一种填封材料都需要某种特定的备料方式,通常填封材料都是先装在储料罐中。一般对填封材料的加热、升温,都是用丙烷或柴油先加热导热油,再通过导热油循环间接对填封材料加热,直至填封材料加热升温到推荐的使用温度,使其具有一定的流动性,但应确保不能过热。不同填封材料推荐的使用温度是不同的,一般热沥青为 140~160℃，改性沥青为 180~200℃，而乳化沥青则为 50~65℃。

对于乳化沥青，有时为了防止在存放期间过早出现分解破乳，可在储料罐中安装搅拌装置。对于非改性沥青（如热沥青）一般可不对材料进行搅拌，但对于聚合物改性沥青和纤维改性沥青，则必须进行搅拌、加热，使改性沥青填封材料保持均匀和温度一致。

当路面潮湿或气温低于 5℃时，不得对裂缝进行填封。一般裂缝修补时，直接将修补材料填入缝槽中，但有时也将有隔离黏附作用的嵌缝条放在刻槽底部，再填入封面料。

3. 填封整料

填封材料准备好后，便可对裂缝进行填封。为了确保裂缝凹槽处在最清洁和干燥状态，填封施工应紧紧跟着上一步工艺（即裂缝的清理和干燥）进行，尽可能缩短清缝期与填料期的时间间隔，并始终保持路表面的清洁，减少碎屑、杂物进入裂缝，壁面出现填封质量问题等现象发生。填装填封材料时，首先将储料罐中存放的填封材料，通过泵吸或气压的方式，将其吸出储料罐，然后通过专用的填封料喷洒杆适量地填装入裂缝中或裂缝上，形成预期的填封结构形式，同时，要求整条裂缝的填封材料填装结构性质一致、均匀，并应从底部向上填装，避免出现气泡而影响填封修补质量。裂缝填装时应连续不断，确保填封材料充满裂缝凹槽，若填封材料凹陷进裂缝中或用量不够时，应重新填些料进去。最后，将填缝材料修整为凹形、齐平、帽形和梯形封顶等形式。

4. 封边修整工作

裂缝填缝施工完毕后，要将裂缝的填封形式做成贴封式，即紧贴在裂缝的上方摊成约 3mm 的带形，还需要一种专用的

"U"形或"V"形橡胶辊对填装的填封材料做最后的成型，这一步成型工艺，可以将部分溢出裂缝的填封材料压入裂缝中，还可擦去表面除成型需要部分材料外多余的材料。

填封材料填装和成型完成后，为了保护未凝固的裂缝填封材料，防止其出现轮印或溜滑问题，应立即使用吸收材料，使它们黏到填封材料表面，作为填封材料上面暂时的覆盖物，特别是乳化沥青或改性乳化沥青作为填封材料时，若破乳固化时间较长，那么为了缩短开放交通的时间，这步工艺就极为重要。通常采用筛好的干净细砂或石屑作为吸收材料，施工时可将其均匀地撒在裂缝填封材料上，形成一个薄的覆盖层，从而吸收多余的填封材料，吸收材料可以有效地防止轮印，并增加路表面的抗滑能力。待填封材料冷却凝固后，扫去多余的细砂或石屑，最后恢复开放交通。

5.2.9 HAP 综合裂缝处置法

HAP 综合裂缝处理法主要包括 HAP 改性环氧树脂灌缝胶高压灌筑法、HAP 高性能改性环氧砂浆填补法、HAP 改性沥青浇筑法 3 种方法，这 3 种方法是对热沥青浇筑法、稀浆封层法、贴封带法和机械灌注法等几种方法的综合运用和改进。

1. HAP 改性环氧树脂灌缝胶高压灌注法

与普通填封灌缝法不同的是，HAP 改性环氧树脂灌缝胶高压灌注法采用改性环氧树脂灌封胶作为填封材料。改性环氧树脂灌缝胶分别由主剂和固化剂两种成分组成，主剂由环氧树脂、稀释剂、增韧改性剂等多种成分混合组成，固化剂为单组分组成。环氧树脂灌缝胶干燥后的拉伸强度为 $50\sim70\mathrm{MPa}$，断裂韧性为 $0.7\sim0.8\mathrm{J/m^2}$，其粘结性能远远大于普通改性沥青，可以对裂缝起到很好的填补作用，并对裂缝结合处两侧的沥青混凝土路面层起到一定的粘结作用，使裂缝填补后结合得较为牢固。

HAP改性环氧树脂灌缝胶高压灌注法是针对宽度为2～5mm，且未出现唧浆的裂缝所采用的方法，这种方法采用从裂缝侧面使用冲击钻钻孔进行灌注的方式，沿着整条裂缝两边每隔20～30cm钻一个深约10cm的孔，孔眼直径1cm，孔眼距离裂缝4～7cm，打孔时钻头与地面成约70°夹角，使孔眼在深约10cm的裂缝底部与裂缝贯通，然后在孔眼处插入4～5cm的针头，沿着针头将改性环氧树脂灌缝胶用高压注入裂缝，使用的灌封机具压力为1～10MPa，灌缝胶首先从与裂缝底部相贯穿的孔眼注入，填满裂缝底部后，才逐渐依靠压力使材料从下到上填满整条裂缝，灌缝胶填满整条裂缝后会从裂缝外预留排压处渗出，此时即可认为此孔眼附近的裂缝已填满。这种自下而上的裂缝灌注方法，依靠一定的压力使灌缝胶能够完整地填补整条裂缝，能从根本上对裂缝进行治理。灌注完裂缝后再使用HAP改性乳化沥青封层对整条裂缝进行处理，既填补了主裂缝附近的微小缝隙，防止了水损害，又改善了路面外观，从而从整体上使裂缝路面的性能得到提高。

施工工艺流程：

(1) 使用高压风机清扫裂缝表面尘土和杂物，若裂缝中有少量残余水分可使用热风机吹干。

(2) 使用冲击钻沿着裂缝钻孔，在裂缝两边每隔约20cm均匀钻孔，同时用高压风机吹走所钻出的粉尘，在孔眼中插入膨胀针头（带有橡胶圈的针头）。

(3) 使用改性环氧树脂封缝胶均匀涂抹于裂缝外层，对裂缝进行封闭，每隔约10cm可预留一个排压处，使高压灌缝作业中多余的压力和灌缝胶排出，使沥青混凝土路面层得到保护,不会受到压力的影响。改性环氧树脂封缝胶涂抹约 1h 后干燥固化,可进行下一步施工。

(4) 将双组分改性环氧树脂灌缝胶按比例混合搅拌均匀,将其加入高压灌缝机中,将高压灌缝机出料口与针头相连接,加压使灌缝胶从下而上注入裂缝,当灌缝胶从排压处排出时即可认为裂缝已灌满,停止灌注。

(5) 拔出膨胀针头并用清洗剂进行清洗,使用改性环氧树脂封缝胶填补孔眼。

(6) 3~5h 后,改性环氧树脂灌缝胶基本干燥固化后,对路面进行清理,再进行 HAP 改性乳化沥青封层施工。HAP 改性乳化沥青封层在裂缝外层以裂缝为中心,宽度 1.5~2m 的范围内进行施工。

2. HAP 高性能改性环氧砂浆填补法

HAP 高性能改性环氧砂浆填补法是针对已出现唧浆等破坏较为严重的裂缝所采用的治理方法。出现唧浆的裂缝,裂缝两边的沥青混合料已经较为松散,且沥青混凝土路面层下部已经遭到破坏。

HAP 高性能改性环氧砂浆填补法是将 HAP 改性环氧树脂灌缝高压灌注法和开挖后填补环氧砂浆两种方法结合起来使用,内外结合,不仅将裂缝深层使用改性环氧树脂灌缝胶进行填充,而且开挖掉裂缝表层已松散的沥青混合料,对开挖后形成的坑槽使用高性能的环氧砂浆进行填补,因此能从根本上解决裂缝唧浆的问题,使裂缝治理后不会出现反复唧浆的问题。

环氧砂浆为在与路面设计级配相近的集料中加入橡胶粉、双组分改性环氧树脂灌缝胶,搅拌均匀所制成。环氧树脂的粘结能力远远大于沥青,因此环氧砂浆具有极强的黏结能力,干燥后非常坚固,填补坑洞后对沥青混合料路面层能起到很好的填补加固和封堵作用,且不易剥落,能够防止下层泥浆的继续唧出。橡胶粉有改善环氧砂浆弹性的作用,使环氧砂浆干燥后有一定的弹性,与沥青混合料路面性能更加接近。

填补环氧砂浆后,最外层再使用 HAP 改性乳化沥青封层进行处理,不仅对微裂缝进行填补,并且加强了路面层的防水、抗老化和抗滑性能,提高了路面的抗病害能力和使用性能。

施工工艺流程:

(1) 使用电锤沿裂缝开挖已松散的沥青混合料,开挖深度 4~5cm,即开挖掉沥青混凝土路面上面层(对破坏较严重的裂缝也可相应开挖得深一些),开挖宽度为 10~20cm。

(2) 使用高压风机清理裂缝深沉的泥浆和水,若泥浆较多可加入适量水反复清洗吹干,直至将泥浆清理干净为止,可配合使用热风机吹干裂缝中的水分。

(3) 泥浆清理干净后使用前文所述的 HAP 改性环氧树脂灌缝胶高压灌注法对深沉裂缝进行处理。

(4) 使用钢丝刷对开挖的坑槽进行打磨,使用高压风机清理干净粉尘。

(5) 将拌制好的环氧砂浆填补进坑槽内,使用刮板刮平。

(6) 3~5h 后,待改性环氧树脂灌缝胶和环氧砂浆基本干燥固化后,对路面进行清理,再进行 HAP 改性乳化沥青封层施工。

3. HAP 改性沥青浇筑法

针对少量损害较为轻微的裂缝使用改性热沥青进行浇筑,浇筑后在外层使用改性沥青黏缝带进行粘结封闭,最外层再使用 HAP 封层进行处理。所用改性沥青粘结能力强,对微裂缝能够起到很好的填补加固作用。

施工工艺流程:

(1) 使用钢丝刷刷去裂缝表面浮土和杂物,并使用高压风机进行清扫，若裂缝中有少量残余水分可使用热风机吹干。

（2）使用热风机对裂缝路面进行预热，以加强热沥青在裂缝中的流动性以及热沥青与裂缝两侧路面的粘结性，将加热后处于液态的改性沥青沿着裂缝均匀浇筑。

（3）接着将已预热的改性沥青贴缝带贴于已浇筑的改性沥青外层，若改性沥青已冷却可使用热风机进行预热。

（4）约半小时后待改性沥青冷却并与路面完全结合后，可在最外层进行 HAP 改性乳化沥青封层施工。

5.3 裂缝处置

对于 2～5mm 的裂缝采用流动性好的冷灌封料填补裂缝；对于大于 5mm 的裂缝采用高聚物密封胶灌入缝内，并填入干净的石屑或粗砂作为集料处理。灌缝最终达到视觉无冲击、行车无感觉的效果。

5.3.1 冷灌封料填补裂缝施工方案

1. 适用范围：适用于路面 2～5mm 的裂缝。
2. 施工工艺及流程：
1) 施工工艺流程
清缝→配料→灌缝→推平、养生→检测、记录→开放交通。
2) 施工工艺
（1）清缝
① 检查鼓风机是否良好；
② 加热、清理裂缝及周围；
③ 用鼓风机将裂缝及裂缝周围彻底吹干净；

④ 用钢丝刷刷掉松动的粒料,潮湿部分必须用喷灯烘干;

⑤ 废料应及时打扫干净,装车拉走,严禁向边坡倾倒。

(2) 配料　由于在运输和储存的过程中会导致桶内的水分流失,所以在使用前应将材料中加入适当的水分搅拌,搅拌程度应以流动性为准,看是否容易在容器中流出,一定要搅拌均匀。

(3) 灌缝　将材料放入容器内,沿裂缝缓缓倒入。

(4) 推平、养生　在地表温度较高的时候,应在倒入材料后稍等片刻,就可使用刮刷进行推平。如果气温较低,则应在倒入材料后,多渗透一会儿,大概一分钟左右,再推平,养生。

(5) 检测、记录　灌缝推平、养生后,同现场监理一起检测平整度和外观尺寸,填写现场记录。

(6) 开放交通　待灌粉材料凝固后及时清扫现场,把工具整理整齐装上工具车,迅速收回,开放交通。

5.3.2　高聚物密封胶灌缝施工方案

1. 适用范围:适用于路面大于 5mm 的裂缝。
2. 施工工艺及流程:

1) 施工工艺流程

清缝→灌缝→养生→开放交通。

2) 施工工艺

(1) 清缝

① 检查鼓风机是否良好;

② 加热、清理裂缝及周围;

③ 用鼓风机将裂缝及裂缝周围彻底吹干净;

④ 用钢丝刷刷掉松动的粒料,潮湿部分必须用喷灯烘干。

(2) 灌缝　密封料采用高聚物密封胶灌缝料,其性能指标符合下列要求(表 5-4)。

表 5-4　高聚物密封胶灌缝料性能指标

试验项目	性能指标	试验项目	性能指标
针入度(0.1mm)	<90	流动度(mm)	<2
弹性(复原)率(%)	≥60	拉伸量(-10℃)(mm)	≥15

① 将高聚物密封胶灌缝材料灌入缝中,灌缝时应加快灌缝枪的速度,降低灌缝料的厚度,避免灌缝料脱落现象的出现。

② 每道缝灌完后应立即关闭阀门,并将枪头在原地滞留一会,或迅速提起枪头用桶状容器接住流出来的灌缝料,防止污染路面。

③ 当缝灌到饱满时,在灌完后的缝上撒上干净的石屑或粗砂,使缝表面和原路面一致。

(3) 养生　使用灌入缝中的灌缝料完全渗入缝中,并等待灌缝料温度降低。

(4) 开放交通　灌封材料凝固后及时清扫现场,把工具整理整齐装上工具车,迅速收回保通工具开放交通。

5.4　坑槽修补

5.4.1　基本要求

1. 坑槽深度已达几层,应先处置基层,再修复面层;在低温寒冷季节,可采用沥青冷补材料处置;当采用热修补方法时,应先沿加热边线退回100mm,翻松被加热面层,喷洒乳化沥青，加入新的沥青混合料，整平压实；修补的坑槽应为顺路方向的矩形，坑槽四壁不得松动且必须涂刷粘层油，槽深大于50mm时必须分层摊铺压实。

2. 根据维修工艺和维修设备的不同，沥青混凝土路面坑槽维修可分为填料式坑槽修补、挖补式坑槽修补、热烘式坑槽修补、喷射式坑槽修补及沥青混凝土预制块修补五类维修方式，其中坑洞、局部网裂、龟裂等病害的修补和加强。对局部沉陷、拥包、滑移裂缝等病害主要采用挖补式坑槽修补。

3. 填料式坑槽修补是一种临时性坑槽修补方法，在对坑槽内散料、杂物进行简单清理后（紧急时也不清理），直接填方沥青混合料，碾压成型的方式。

4. 挖补式坑槽修补是将不规则的沥青混凝土路面坑槽切割成矩形，同时将坑槽底面下挖到完好部分（或将底面病害处理彻底），从而给添加的新料提供坚实可靠的支撑，进而大大延长维修的寿命。该工艺对病害处理彻底，维修后使用寿命长（可达到2～5年），可维持到路面罩面或中修，因此也称为永久性修补。

5. 热烘式坑槽修补是利用沥青混凝土路面热养护修补车自带的加热设备——红外线加热板对出现坑槽的沥青混凝土面层进行加热，再视情况添加再生剂及新料，最后碾压成型，其本质就是一种小范围的沥青混凝土面层现场热再生技术。

6. 坑槽修补时应划定维修界面，利用切缝机在路面上画出开槽线，范围要在实际路面病害区域外扩不小于100mm，根据"圆洞方补"的原则，维修面开成矩形，四周同路面标线平行或垂直。

7. 坑槽开挖时从中间向四边开挖，以免损坏切边，要求开挖到完好稳定的地面。坑槽与整个路面形成整体，坑槽底面的基础必须稳定牢固。

8. 当坑槽开挖深度超过150mm时，基层应该使用小颗粒状的材料填充并压实。开槽壁面要求垂直稳定，如因基层排水不良造成路面病害，开槽后须先整治基层排水系统，再修整压实基层。当处理深度过深需封层碾压时，各层的凿除面要形成台阶（台阶宽度不小于100mm），防止形成垂直通缝，壁面雨水直接快速渗入维修底面，确保分层碾压时每层四周接缝处能碾压密实。

5.4.2 挖补式一般操作规程

1. 坑槽的成型

（1）为使修补材料与坑槽壁面和底面具有良好的黏附性，坑槽壁面和底面必须彻底清理出水分、灰尘、松散颗粒和其他残余物，宜采用空气吸尘器和空气加热枪清扫和干燥坑槽，人工清扫是作为一种辅助手段，将较大块的破碎料及其他不易吹出的残余物清理出坑槽。

（2）将坑槽壁面和底面材料加热至140～160℃，5cm深处加热至70～80℃较为适宜，同时最好使加热区域比坑槽外轮廓宽100～150mm，以确保碾压时修补材料能与原有路面材料很好融合。路面加热方法可采用红外线辐射加热、明火加热、热空气（即燃气）加热。

2. 涂界面处置材料

（1）开槽成型后，在摊铺修补材料之前，应先向坑槽壁面和底面上薄薄地、均匀地喷涂一层界面处置材料以提高修补材料与原有路面材料间的粘结效果。

（2）界面处置材料可采用热沥青、SBS改性沥青、乳化沥青及SBS改性乳化沥青等。对于采用永久性修补的热拌沥青混合料，应以热沥青、SBS热改性沥青等为界面处置材料。

（3）宜通过专用的沥青喷洒杆，将界面处置材料均匀地喷涂在坑槽壁面和底面上，喷洒量以 0.4～0.6kg/m² 为宜。

（4）当分层填料分层碾压时，黏层油也要分层依次洒布。如采用冷补料，无需再洒粘层油。

3. 修补材料的准备和摊铺

（1）在开始坑槽修补前，修补设备必须提前启动，并装载修补所需的各种材料，装载量至少满足正常工作日的坑槽修补需求量，且要求保持使用温度。

（2）坑槽永久性修补材料应采用热拌沥青混合料，需具备保温、加热功能。混合料保温箱对其储存，储存时间一般不宜超过 72h。应急性修补的冷拌沥青混合料不需保温和加热，可袋装、桶装或不带保温加热功能的混合料箱装载，若密封的好，储存时间可超过 10d，甚至 1 个月。

（3）采用人工摊铺的方法，用整平板将修补材料均匀地摊铺整平，在摊铺料时，应缓慢、均匀、连续，尽量避免料的离析，摊铺温度以 165～170℃ 为宜。

4. 坑槽的压实

将定量投入到坑槽内的修补材料摊铺、整平，再采用小型振动平板夯、小型振动压路机和手扶式振动压路机等压实装置对修补材料进行充分压实。

5. 封边修整工作

（1）在坑槽修补料充分压实之后，须用熨平板对坑槽表面修补材料进行加热、加压熨平，提高坑槽修补的平整度，工作温度以 170～240℃ 为宜。

（2）为提高坑槽边缘新老料接缝的耐水性和粘结强度，宜采用热沥青、热改性沥青、乳化沥青和改性乳化沥青进行封边处理，将沥青类粘结剂均匀涂抹在修补面四周新、旧沥青混凝土接缝上，以防水和接缝处沥青混合料松散、啃边的作用。

6. 开放交通

对于用热拌沥青混合料填补维修的坑槽，应采取自然冷却的方法，待坑槽表面修补材料温度低于 50℃ 后方可开放交通。

5.4.3 热烘式一般操作规程

1. 坑槽清理

清扫坑槽内的杂物，清除坑槽四壁和底面的松散粒料，将坑槽内以及热烘范围内的灰尘、小颗粒等清理干净，坑槽内积水必须吸干。

2. 热烘路面

将沥青混凝土路面热养护修补车上加热板放下，高于路表面 3~4cm，对路面持续加热 5~10min，将路面温度加热到 140℃ 以上、达到表面能耙松，切忌长时间加热，导致沥青燃烧或老化，热烘范围宜沿坑槽边缘向四周扩大 300mm 以上。

3. 表面耙松

将加热软化的沥青混凝土表面耙松、耙匀，耙松范围宜在热烘范围内缩 5~10cm，确保接缝为热接缝，耙松面应成矩形。耙松过程应剔除松料中的大粒径集料以及明显烧焦老化的沥青混合料。

4. 添加新料

根据耙松沥青混合料的性能和数量，喷洒沥青再生剂，并添加一部分新的热沥青混合料，用推平板推匀，合理控制松铺系数，形成合适的横坡度。

5. 碾压密实

宜采用振动压路机进行碾压，由边缘依次向中间推进，碾压后压实度要求大于 95%。

6. 开放交通

待坑槽表面修补材料温度低于 50℃后方可开放交通。

5.4.4　冷补式一般操作规程

（1）坑槽的成型和清理与挖补式一般操作规程相同。

（2）一般情况下，坑槽若只是面层破损，坑槽底部和周壁都很洁净、坚固，冷补沥青混合料和路面粘结程度较好，无需洒布粘层油。但对于在特殊条件下施工的路面，应在粘结薄弱处洒布冷补沥青粘层油，喷洒量以 $0.4\sim0.6kg/m^2$ 为宜。

（3）摊铺冷补沥青混合料，考虑 1.3 的松铺系数，摊铺的冷补料高出原路面约 1.5cm，表面采用人工刮平，根据修补面积采用小型机械实压设备或大型机械压实设备，保证压实度满足要求。

（4）为提高坑槽边缘新、老料接缝的耐水性和粘结强度，宜采用冷沥青进行封边处理，将沥青类粘结剂均匀涂抹在修补面四周新、旧沥青混凝土接缝上，以防水和接缝处沥青混合料松散、啃边作用。

5.4.5　沥青路面坑槽修复技术实践

本节以沥青路面坑槽和路面沉陷为例，阐述挖补式沥青路面坑槽修复技术实践。

1. 坑槽的成型

利用切缝机在路面上画出开槽线，开槽范围要在路面病害区域外扩不小于 100mm，用路面破碎机和混凝土切割机或路面铣刨机等设备，将维修面开成矩形，四周同路面标线平行或垂直。

2. 坑槽的清理和干燥

为使修复材料与坑槽壁面和底面具有良好的黏附性，坑槽壁面和底面必须彻底清理出水分、灰尘、松散颗粒和其他残余物，宜采用空气吸尘器和空气加热枪清扫和干燥坑槽，人工清扫是作为一种辅助手段，将较大块的破碎料及其他不易吹出的残余物清理出坑槽。

3. 涂界面处置材料

（1）开槽成型后，在摊铺修补材料之前，应先向坑槽壁面和底面上薄薄地、均匀地喷涂一层界面处置材料以提高修补材料与原有路面材料间的粘结效果。

（2）界面处置材料可采用热沥青、SBS 热改性沥青、乳化沥青及 SBS 改性乳化沥青等。对于采用永久性修复的热拌沥青混合料，应以热沥青、SBS 热改性沥青等为处置材料。

（3）宜通过专用的沥青喷洒杆，将界面处置材料均匀的喷涂在坑槽壁面和底面上，喷洒量在 $0.4\sim0.6kg/m^2$ 为宜。

（4）当分层填料为分层碾压时，黏层油也要分层依次洒布。

4. 修补材料的准备和摊铺

（1）在开始坑槽修补前，修补设备提前启动，并装载修补所需的各种材料，装载量应至少满足正常工作日的坑槽修补需求量，且要求保持使用温度。

（2）坑槽永久性修补材料应采用热拌沥青混合料，需具备保温、加热功能的混合料保温箱对其储存，储存时间一般不宜超过 72h。应急性修补的冷拌沥青混合料不需保温和加热，可袋装、桶装或用不带保温加热功能的混合料箱装载，若密封的好，储存时间可超过 10d，甚至 1 个月。

（3）采用人工摊铺的方法，用整平板将修补材料均匀地摊铺整平,在摊铺料时,应缓慢、均匀、连续,尽量避免料的离析,摊铺温度以165~170℃为宜。

5. 坑槽的压实

将定量投入到坑槽内的修补材料摊铺、整平,再采用小型振动平板夯、小型振动压路机和手扶式振动压路机等压实装置对修补材料进行充分压实。

6. 封边修整工作

在坑槽修补料充分压实之后,一般须用熨平板对坑槽表面修补材料进行加热、加压熨平,提高坑槽修补的平整度,工作温度以170~240℃为宜。为提高坑槽边缘新、老料接缝的耐水性和粘结强度,宜采用热沥青、热改性沥青、乳化沥青和改性乳化沥青进行封边处理,将沥青类粘结剂均匀涂抹在修补面四周新、旧沥青混凝土接缝上,以防水和接缝处沥青混合料的松散、啃边作用。

7. 开放交通

对于用热拌沥青混合料填补维修的坑槽,应采取自然冷却的办法,待坑槽表面修补材料温度低于50℃后方可开放交通。

(1) 路面基层完好,仅面层有坑槽时的修补步骤如下。

① 按照"圆洞方补,斜洞正补"的原则,划出所需修补坑槽的轮廓线。

② 沿所划轮廓线开凿至坑底稳定部分,其深度不得小于原坑槽的最大深度。

③ 清除槽底、槽壁的松动部分及粉尘、杂物,并涂刷黏层沥青。

④ 填入沥青混合料(在潮湿或低温季节,采用乳化沥青拌制的混合料)并整平、压实。如果坑槽较深(7cm以上),应将沥青混合料分两次或三次摊铺和压实。

⑤ 热补法修补时，采用热修补养护车，用加热板加热坑槽处路面，翻松被加热软化的铺装层，喷洒乳化沥青，加入新的沥青混合料，然后搅拌摊铺，压路机压实成型。

（2）若因基层局部强度不足等使基层破坏而形成坑槽，应先处置基层，再修复面层。

目前根据维修工艺和维修设备的不同，沥青路面坑槽维修主要分为填料式坑槽修补、挖补式坑槽修补、热烘式坑槽修补和喷射式坑槽修补四类维修方式，在实际维修中，必须加强关键工艺的控制，提高维修质量。下面主要介绍前三种修补方式。

1. 填料式坑槽修补技术

填料式坑槽修补是一种临时性坑槽修补方法，它是在对坑槽内散料、杂物进行简单清理后（紧急时也不清理），直接填放沥青混合料，碾压成型的方式。

填料式坑槽修补的施工工艺流程如下：

（1）清理坑槽

简单清理坑槽内的杂物、散料以及积水。利用扫帚、吹风机将坑槽内残留的杂物、松散料清理出坑槽。对于坑槽内积水，可用拖把、吸水布等工具吸干。

（2）填放新料

用铁铲等工具将沥青混合料填入坑槽内。填料时先填坑槽四边，然后逐步向坑槽中央移动，防止坑槽四壁拐角处形成空洞。填料的厚度根据材料类型（如集料最大粒径等）和压实设备的功率确定，一般每层厚度不宜超过 10~12cm。对于热沥青混合料，尽量分层填筑碾压完成，一方面利于保温，保证压实度；另一方面分层碾压时非表面层的边缝不易碾压密实。用推平板将填料推匀、整平。整平松料尽量不用铁耙，因为铁耙耙料容易使沥青混合料离析，同时加速热沥青混合料的降温。

（3）碾压成型

用压路机、平板夯等压实设备对填补料进行碾压，尽量采用带振动装置的压实设备以保证压实效果。当无合适的压实设备时，装沥青混合料的卡车也可以作为碾压设备，对于热料，卡车轮胎碾压6～8遍；对于冷料，卡车轮胎碾压4～8遍。碾压后，修补面应与周边旧路面齐平，当碾压设备功率不够时，修补面可以比周边旧路面略高（高差控制在3～5mm以内），形成冠状，以便通车后在车辆荷载作用下进一步压实，保证最终压实后与周边路面齐平。

尽管填料式坑槽修补是一种临时性的坑槽修补方法，但当采用高效的修补材料时也能取得较满意的维修效果。常用的填补材料有密级配热拌沥青混合料、冷拌沥青混合料（粘结料多用稀释沥青、乳化沥青等）以及一些专利产品等，选用粘结性能好、均匀、和易性好、易碾压密实的材料，以延长修补坑槽的使用寿命。

2. 挖补式坑槽修补技术

挖补式坑槽修补是最常见的一类路面坑槽修补方法，它是将不规则的沥青路面坑槽切割成矩形，同时将坑槽底面下挖到完好部分（或将底面病害处理彻底），从而为添加的新料提供坚实可靠的支撑，进而大大延长维修的寿命。由于该工艺对病害处理彻底，维修后使用寿命长（可达到2～5年），可维持到路面罩面或中修，因此也称为永久性修补。

挖补式坑槽修补的施工工艺流程具体如下：

（1）划定维修面　按照"圆洞方补"原则，划定坑槽维修面。维修面割成矩形，四周同路面标线平行或垂直范围要在实际坑槽边缘外扩不小于30cm。利用切割机对坑槽进行切边。

(2) 处理坑槽　处理坑槽是挖补式坑槽修补的关键，必须为新的修补料提供洁净、干燥、四壁垂直稳定，底面完好牢固的维修槽面。

首先，凿除损坏的沥青混合料。利用液压镐或切缝机沿划定的维修范围切缝，要求切缝垂直，并用液压镐等设备将维修范围内的沥青混合料凿松，将废料清走，开挖时从中间向四边开挖，以免损坏切边，要求开挖到完好、稳定的底面。当处理深度过深需分层碾压时，各层的凿除面要形成台阶（台阶宽度不小于10cm），一方面防止形成垂直通缝，避免雨水直接快速渗入维修底面；另一方面在分层碾压时，保证每层四周接缝处碾压密实。其次，处理维修面，要对底面病害进行处理，出现松散处要凿除干净再回填修补料压实，出现裂缝要做灌缝封缝处理，并用钢丝刷将坑槽底部、四壁松散的粒料清楚干净。最后清洁维修面，用吹风机烘干坑槽内的积水，再用吹风机将修补范围内的浮灰、散落小颗粒等吹净。

(3) 洒布黏层油　坑槽底面和四壁上要洒布黏层油（如热的沥青胶、乳化沥青或泡沫沥青），以提高新、旧混合料粘结。当分层填料时分层碾压时，黏层油也要分层依次洒布。如果采用冷补料，由于材料自身具有很强的粘结性，则无需再洒黏层油。

(4) 回填、碾压沥青混合料　将沥青混合料填入坑槽并碾压，分层修补时，要分层填筑，分层碾压。回填沥青混合料时，先填坑槽四边，然后逐步向中央移动，防止坑槽四壁拐角处形成空洞。用推平板推匀，调平松料时，要控制次数，防止次数过多造成细料积于底面、粗料留于表面，导致混合料离析。当四边填料偏少时，直接进行加料，不宜将中间料向四周推填，同时要及时剔除坑槽四边大粒径的石料。对于小坑槽，宜采用振动平板夯进行碾压；对于大坑槽，宜采用振动钢轮压路机进行碾压。

（5）封缝防水　用沥青类胶黏剂均匀涂抹在修补面四周新、旧沥青混凝土的接缝上，一方面起到防水作用，另一方面防止接缝处沥青混合料松散、啃边。

3. 热烘式坑槽修补技术

沥青路面热烘式坑槽修补技术是利用路面热养护修补车自带的加热设备——红外线加热板，通过对沥青路面的间歇式加热，使路面温度迅速升高至适当温度，对路面废旧沥青混合料进行处理，适当添加乳化沥青或添加新的热拌沥青混合料，然后再整平、碾压，实现对沥青路面病害的修复，就地综合养护的沥青路面修补技术。其本质就是一种小范围的沥青面层现场热再生技术。

热烘式坑槽修补的施工工艺流程如下：

（1）清理坑槽

如果病害路面的沥青料已经受到污染且无法再利用，则必须先使用气压破碎机等对病害部位进行清理。清理的原则为"圆洞方补、斜洞正补"，破碎前先用粉笔划出清理线，应和道路标线基本平行。破碎时沿线破除，注意深度以防破坏到下层路面。清理时不需破坏周围沥青混合料的层间联结，防止扩大路面病害。分层破碎时下面层每边要比上面层每边留出30cm以上错位，避免接缝上下重叠。清扫坑槽内的杂物，清除坑槽四壁和底面的松散粒料，最后用吹风机将坑槽内以及热再生范围内的灰尘、小颗粒等吹净。如果病害路面的沥青混合料，未被污染且性能良好可以再利用，则原路面无需破碎清理。由于红外线不能透过积水对沥青路面加热，且浅色物体（如水、雪）对红外线的吸收效果不佳，即依靠红外线对水进行蒸发速度很慢，因此坑槽内的积水必须先用拖把吸干。

(2) 热烘路面

首先，根据道路病害的位置，施工技术人员确定好需用加热板修补的热烘范围（热烘面积要从坑槽实际边缘向四周扩大30cm以上）。然后，再将沥青路面热养护修补车上加热板放下，高于路表面3~4cm，对路面持续加热5~10min，具体时间根据气候及需加热路面深度确定，最终将路面温度加热到140℃以上、达到表面能用铁耙耙松即可，切忌长时间加热，导致沥青燃烧或老化。

目前常见路面加热方法有红外线加热、明火加热、热空气（即燃气）加热。红外线（infrared rays）辐射加热方式是依靠辐射传热的方式将热量传递给坑槽壁面材料的，其热源本身的温度很高，为了不致烧坏原有路面的沥青混合料，加热板与路面要保持一定距离，而且必须采用间歇加热的方法。红外线辐射加热深入性有限，对于较深坑槽的加热，可能会出现坑槽上部材料过热，而坑槽底部材料加热却不足的情况。明火加热方法，大都是用丙烷喷灯（propane torch）或喷燃器（burner）所喷射的强烈火焰，直接加热坑槽壁面和底面的材料，此方法虽然使用非常灵活方便，但其加热火焰温度过高（接近1200~1300℃），存在烧焦坑槽壁面材料的危险，故不主张采用。热空气（燃气）加热方法，是利用燃烧器将燃料点燃产生热空气，并用鼓风机将热空气吹送到被加热坑槽内，利用热空气提供对坑槽内表面材料的对流传热，但热空气的温度为600~800℃，仍可能会造成被加热坑槽壁面材料的过热和老化。还有一种低温接触加热的方法，即让一个保持180~240℃的热压头伸至坑槽底部，直接与坑槽壁面和底面相接触，来加热和软化旧沥青混合料。这种加热方法对坑槽壁面和底面材料都能用同等温度加热,且加热温度不高,不至对坑槽内旧料的性质产生影响,只是起到干燥和软化坑槽壁面和底面的作用。

(3) 表面耙松

加热结束后,移开加热板,用铁耙将加热软化的沥青混合料表面耙松、耙匀。耙松范围要在热烘范围内,一般内缩5~10cm(即在耙松范围周边保留5~10cm的热烘带),以保证接缝为热接缝,同时,耙松面应成矩形,增加美观。在耙松过程中要剔除松料中的大粒径集料以及明显烧焦老化的沥青混合料。

(4) 添加新料

对所有修补路面病害接缝和耙松的旧沥青混合料均匀喷洒沥青再生剂,根据耙松沥青混合料的性能和数量,适当控制喷洒量,一般情况下为 $0.45L/m^2$。喷洒顺序为先四周后中间。对已加热而未疏松的部分视路面老化情况适当喷洒,以不黏轮为度。喷洒时用挡板适当遮拦,以防喷洒到其他区域引起泛油和污染环境。

根据需要再添加一部分新的热沥青混合料,但要严格控制沥青混合料的添加量。如果新料温度不足,可以将其摊在旧料上,用加热板对其再次加热。用推平板推匀,按试验出的松铺系数摊铺新料,无数据时松铺系数控制在1.3~1.4,并形成合适横坡度。填料时要用铁锹倒扣,不得抛洒,以防离析。

(5) 碾压密实

遵循"先四周后中间,由低处向高处碾压,先静压后振动再静压"的压实顺序。相邻碾压带重叠1/3轮宽,一般先静压两遍,振动四遍,最后再静压两遍。接缝的碾压要从外向内每次内进15cm直至所有轮宽均在修补路面范围内,使修补面与周边已加热但未耙松的路面融为一体。压路机绝对不允许在所修补的路面上调头、转弯。在碾压过程中注意洒水量,以沥青料不黏滚轮为度。如果洒过多的水,水容易渗透到下层且使沥青料迅速降温,影响修补质量。碾压后压实度要求不大于95%。

(6) 撒布石粉

在修补表面均匀撒布一层石粉,石粉的材质与沥青混合料面层石料相同,减小修补面与周边原路面的色差,增加修补的美观性,另外还可以起到加速冷却修补表面的作用。

此坑槽修补方法虽省去了开槽这道工艺,且将坑槽内的旧料重新利用起来,但是坑洞内的旧料已严重老化,失去了其原有的级配和油石比,仅凭经验再添加一定量的粘结沥青和新料,且新、旧料的掺配比例不准、拌和不均匀,不能准确确定修补材料的实际用量和保证修补材料的性能质量。虽然经过碾压后坑槽修补表面很平整、坑槽内新、旧料间无明显接缝,但是其压实度得不到保证、材料性能不佳,故采用热再生法最终获得的坑槽修补质量不可靠,耐久性会较差。

依据这四类坑槽修补方法不同的技术性能和适用条件,建议对不同天气状况下的道路采用不同的坑槽修补方法:

1. 正常气候下的坑槽维修

在温暖、干燥的正常天气下进行路面坑槽维修,可采用挖补式坑槽修补、喷射式坑槽修补和热烘式坑槽修补。对于坑槽底面或基层有病害(如唧浆、严重松散、开裂等),优先考虑挖补式坑槽修补技术;对于坑槽数量多、维修时间紧的情况,优先考虑喷射式坑槽修补技术;对于沥青路面表层坑槽(浅坑槽),可以采用热烘式坑槽修补技术。填补材料以热拌沥青混合料为宜。

2. 冬季低温条件下的坑槽修补

在低温天气下进行路面坑槽修补，可采用喷射式坑槽修补、热烘式坑槽修补和填料式坑槽修补。低温情况下，热拌沥青混合料的拌和、保温较为困难，从成本效益出发，优先考虑喷射式坑槽修补技术（该设备能现场制备热拌沥青混合料），其次考虑填料式坑槽修补技术（采用冷拌沥青混合料作为填料），最后考虑热烘式坑槽修补技术（考虑低温影响或加热效果和效率）。

3. 下雨季节的坑槽修补

在下雨季节进行坑槽修补，可采用喷射式坑槽修补和填料式坑槽修补。其中填料式坑槽修补应采用优质冷拌沥青混合料作为填补料，以提高维修质量。

4. 大量坑槽的抢修

当出现大量坑槽时，考虑行车安全、防止病害扩大和维修成本加大等因素，必须进行快速维修，要采用维修效率高的修补方式，则优先考虑的是喷射式坑槽修补，其次是填料式坑槽修补，其中填料式坑槽修补的填补料优先采用热拌沥青混合料。

5.5 拥包和推移维修

5.5.1 拥包维修

1. 拥包峰谷高差不大于 15mm 时，可采用机械铣刨平整；拥包峰谷高差大于 15mm，且面积大于 $2m^2$ 时，应采用铣刨机将拥包全部除去，并低于路表面至少 30mm，清扫干净后，喷洒粘层油，用热沥青混合料重铺面层。

2. 如果连续多处出现拥包且面积较大，但路面基层及附属稳定，则应将有拥包的路面面层全部挖除，然后重铺面层。基础变形形成的拥包，应更换已变形的基层，再重铺面层。

（1）由于施工时操作不慎将沥青漏洒在路面上形成的拥包，将其除去即可。

（2）对已趋于稳定的轻微拥包，应将拥包用机械刨削或人工挖除，并将路表处置平整。

（3）因面层沥青用量过多或细料集中而产生较严重拥包，或路面连续多次出现拥包且面积较大，但路面基层仍属稳定，则应用机械或人工将拥包全部除去，并低于路表面约 10mm。扫尽碎屑、杂物及粉尘后用热沥青混合料重铺面层。

（4）因基层原因引起的严重拥包，应把拥包连同面层一并挖除，处理基层，待基层稳定密实后，再重铺面层。

5.5.2 推移维修

推移是一种部分路面沥青混合料在纵向发生位移的病害，通常由于车辆刹车或加速造成，一般出现在坡道、弯道和交叉路口处。另外混合料在发生推移的同时也相应地发生竖直位移。推移、拥包病害并没有严重的等级划分，但可以通过推移对行车质量造成的影响来界定。在病害处置以前要通过钻取芯样查看路面基层有无破坏，如果是由于基层原因引起的推移、拥包，则应一并将基层铣刨或挖除，然后重新铺筑基层后再铺筑面层，必要时还需要处理路基土或改善排水措施。若钻取的芯样显示基层完好，则只需处理面层。沥青路面的推移、拥包，可以按下述的要求进行处置：

1）因施工操作不慎将沥青漏洒在路面上形成的拥包，或已趋于稳定的轻微拥包，使用机械（具）将拥包刨削或挖除，保持路面平整。如果除去拥包后，路面还不够平整，则应采取整平处置。

2) 因面层沥青用量过多或细料集中而产生的拥包，或路面连续多处出现拥包，但基层仍较稳定，可使用机械（具）将拥包全部铣刨除去，铣刨深度可低于路表面约10mm。清扫铣刨后的修补表面并喷洒黏层沥青，然后用与路面结构基本相同的热拌沥青混合料重铺面层。

5.6 沉陷维修

沉陷是指路面的局部凹陷，是由于路基的不均匀沉降（滑移）或基层局部压实不足导致的。这类病害多发生于路基湿软地段或外侧路肩与路面采用不同材料修筑的路段，尤其是山区路段和桥头。此外，与构造物相邻接的填土路堤压实度不够以及对原地基（介于软土地基和坚硬地基之间）未作适当处理，也将使邻接构造物的路面局部下沉，从而产生桥头跳车，危及行车安全。

城市道路整体下沉和局部沉陷可采取换土复填法、碎石桩法、压浆法以及袋状砂井、塑料排水板以及土工织物滤垫等方法。

5.6.1 沉陷分类

1. 路面沉陷没有严重的级别划分，但可以通过分类测量的方法来确定。由于沉陷往往伴随网裂，沉陷处需要通过钻芯确定基层破坏的情况，从而确定是否对基层进行处理。

路基未充分固结或压实不足造成的继续沉降往往引起路面的大面积沉降，这种沉降有时伴有贯穿整个路面的结构性破坏，这种现象通常不作为路面沉陷考虑。

2. 因路基不均匀沉降而引起的路面局部沉陷，若土基和基层已经密实稳定，不再继续下沉，可只修补面层，并根据路面的破损状况分别采取下列处置措施。

① 路面轻微下沉，深度 $H<20mm$ 且无破损，可不加处理。

② 若路面下沉后，无破损或仅有少量轻微裂缝，可在沉陷区喷洒或涂刷黏层沥青，再用热拌沥青混合料填补沉陷部分，并压实平整。

③ 因路基沉陷导致路面严重破损，集料松动、脱落形成坑槽的，应按照坑槽的维修方法处置。

④ 路面严重下沉，深度 $H>20mm$ 但土基和基层密实稳定，可只修补面层。对于小面积沉陷，可看成一般变形类病害，采用铣刨后再找平摊铺的处理方式；对较大面积的沉陷，应根据路面的破损状况采取相应的处置措施。对沉降较大、基层破坏的沉陷，可挖除整个面层和基层，再对路基进行稳固处理，比如可采用速效水泥灰浆灌注的方法，待路基稳定后，再重新铺筑路面结构层。

3. 桥涵台背因填土不实出现不均匀沉降，可视具体情况选择以下处理方法。

① 挖除沥青面层，在沉陷的部分加铺基层后重新铺筑面层。

② 若台背填土密实度不够，应冲洗作压实处理，台背死角处的压实应采用小型夯实机具夯实。

③ 宜采用注浆加固处理。

5.6.2 维修方法

1. 换土复填法

城市道路路基出现下沉,但面积不大且深度不深,可采用换土复填法。将原路基出现病害部分的土挖去,采用级配较好的砂砾土、亚黏土换填。回填时挖补面积要扩大,逐层挖成台阶状,由下往上,逐层填筑,碾压密实,压实度高出原路压实度1‰~2‰为宜。

2. 碎石桩法

利用二灰碎石桩体挤密地基土,生石灰消解吸水,继而生成水化物,使地基土含水量降低,提高土路基整体强度,减少沉降量,再在桩体上铺一层刚性的水稳基层,使其形成一个下部为各个桩体,上部将各个桩体连为一体的刚性层的复合地基,从而提高路基的整体强度。碎石桩法宜进行专项设计,一般操作规程如下。

1) 定位 选择沉陷较为严重的位置作为处置沉陷的目标,并做好范围标记。

2) 破除沥青路面的面层和基层 采用先切缝后破除的原则,破除路面的面层和基层,台阶宽不小于10cm。

3) 确定桩体位置和布局 根据沉陷的面积大小确定桩体布局,一般布置成梅花状,间距定位60~80cm,桩体深度为路面荷载作用力传导的深度,即桩体深度和路面结构层的厚度之和应大于1.5m。

4) 打孔 钻成的孔径20cm,孔距60~80cm,孔深为110cm左右,宜根据桩底距路面顶的厚度大于路面荷载的作用深度确定。

5) 清孔 人工将孔内的虚土清除干净,虚土厚度不得大于10cm。

6) 填料打桩　填料采用二灰碎石，配比可参考为石灰：粉煤灰：碎石＝5：1：80。填料时，应分层填料。填料之后，用专用的打夯机夯实。每层的填料厚度及夯实的遍数或夯实的时间，应根据试验桩而定的数据进行严格控制，保证桩体的压实度。

7) 桩顶封层　桩顶填料夯至基层底面下5cm，然后用水泥混凝土封桩顶，防止桩体漏水。水泥用量不小于6%，封顶之后及时养护7d以上。

8) 做水泥稳定碎石基层，洒透层油，做面层。

3. 压浆法

利用液压、气压或电化学原理，通过高压将浆液均匀地注入地层中，浆液以填充、渗透和挤密方式占据土粒间的空间，经人工控制一定时间后，浆液将原来松散的土粒或裂隙胶结成一个整体，形成一个结构新、强度大、防水性能高和化学稳定性良好的"结晶体"。压浆法宜进行专项设计，一般操作规程如下。

1) 浆液扩散半径根据相关经验数据，初步确定时可取 $r=1.5m$，需要根据现场进行灌浆试验后进一步确定。

2) 灌浆孔采取梅花形分布，最优灌浆孔距 $R=r+b/2$，r 为浆液扩散半径，b 为厚度。

3) 灌浆孔孔深应根据工勘资料确定，在没有资料条件下可取1～3m。

4) 灌浆压力与土的重度、强度、初始应力、孔深、位置及灌浆次序等因素有关，灌浆压力通过灌浆试验来确定。在没有试验数据条件下，可取0.3～0.4MPa，需在灌浆过程中根据具体情况作调整。

5)在规定的灌浆压力下,孔段吸浆量小于0.6L/min,延续30min即可结束灌浆,或孔段单位吸浆量大于理论估算值时也可结束灌浆。

6)正式施工前,保证设备器具和材料按时到场,着重做好灌浆试验工作,调整灌浆压力、浆液扩散半径、孔距和排距后及时将孔位放样至实地。

7)施工设备机具,根据当地软土地基的特点和设计要求,可采用花管、袖阀管、二重管。

8)施工工序为成孔──→安放灌浆管并孔口封堵──→搅浆──→灌浆──→待凝──→成孔──→安放灌浆管并孔口封堵──→搅浆──→灌浆──→封孔。

9)根据设计方案,编制施工组织设计,做好施工准备、施工设备机具选型及特殊情况下的技术处理措施。

10)施工结束15d后,在施工段范围内选择5个代表性地点(其中2个在灌浆点位,2个在相邻的灌浆点位中间,1个在相邻对角灌浆点中间)进行复合地基压板($0.5m^2$)静载试验;选择12个钻孔检验点(其中6个钻孔距灌浆点0.5m,6个钻孔距灌浆点1.0m),进行钻孔取芯和标贯试验;选择30个点进行弯沉试验。

5.7 车辙维修

5.7.1 15mm以上车辙维修

车辙在15mm以上时,可采用铣刨机械清除;当联结层损坏,应将损坏部位全部挖除,重新修补;因基层局部下沉而造成的车辙,应先修补基层。

1. 车道表面因车辆行驶推移而产生的车辙,应将出现车辙的面层切削或铣刨清除,然后重铺沥青面层。

2. 路面受横向推挤形成的横向波形车辙,如果已经稳定,可将凸出的部分消除,在波谷部分喷洒或涂刷黏结沥青并填补沥青混合料,找平、压实。

3. 因面层与基层间有不稳定的夹层而形成的车辙,应将面层挖除,清除夹层后,重做面层。

4. 由于基层强度不足、水稳性能不好,使基层局部下沉而造成的车辙,应先处置基层,再做面层。

5.7.2 深度小于25mm或大于25mm的车辙维修

深度<25mm的中轻度车辙,可采用稀浆封层填补法、微表处法、超薄磨耗层及同步碎石封层法等措施来修补;深度>25mm的严重车辙,需要查明成因与产生车辙的部位,在铣刨失稳的结构层后,采用同步碎石封层等方法来进行治理。

对超过一定深度、影响道路使用功能的车辙必须进行有效的处置。由于高速公路沥青路面车辙病害分布范围广,不同位置处的车辙深度不同,从而需要采取不同的修复方案。常用的车辙处置方法有四种:铣刨换填法、稀浆封层填补法、微表处法、同步碎石封层法。

1. 铣刨换填法

对于失稳性的车辙必须采用铣刨、重新罩面等方法进行处理。其中铣刨换填法采用路面铣刨机将破损路面切削一定厚度,然后铺筑再生沥青混合料(或新沥青混合料),也是一种路面更新方法。该方法的工艺流程包括:

(1)用铣刨机将需要更新的路面铣削一定厚度。

（2）将铣刨下的旧料收集，装载到沥青混合料厂。

（3）沥青混合料厂将旧料进行再生或换成新沥青混合料拉回现场。

（4）将铣刨后的路表面清扫干净，如有个别严重破损应事先修补好。

（5）洒匀黏层油，上垫脚料。

（6）铺装沥青混凝土或再生沥青混合料，筑成新路面。

常用的铣刨机是德国产的铣刨机，切削深度能达10cm。旧路面沥青再生工艺包括以下四个环节：

（1）将铣刨后的旧沥青路面料运到沥青混合料厂，进行破碎。

（2）喷洒再生剂将沥青路面料软化，一般需焖热24h。

（3）根据级配情况设计新料级配，以一定量的旧料与新料进行配合。一般新、旧料之比为（4∶1）～（2∶1）。为了避免旧料加热过度，一般旧料在新矿料经加热滚筒进入热料提升后两者再混合，旧料通过与新料热交换来加温。采用连续式拌和机时，旧料应在拌和机中部加入。

（4）将拌和的再生混合料拉至现场进行摊铺。目前可使用沥青路面再生机，直接将路面铣削、软化、添加新料拌和、摊铺，即直接将铣削、拌和、摊铺在现场一次完成。关于沥青路面再生将在第五章做详细介绍。

铣刨换填法处理产生病害的沥青路面不但能够降低工程造价，节省材料，减少环境污染，而且其直接经济效益也比较显著。

2. 稀浆封层填补法

稀浆封层既可用于预养护也可用于修补养护，如果使用恰当，效果十分明显。它能减少由于沥青老化引起的路面病害，填充裂缝，防止松散，阻止水和空气进入路面，提高抗滑能力以及改善路面外观等。

稀浆封层的优点是费用较低、施工快捷，可用于病害预防，维修已有病害，美化路面。虽然稀浆封层有许多优点，但是由于稀浆封层只是一个很薄的结构层，对路面结构强度基本没有太大提高。

3. 微表处法

由于高速公路沥青路面车辙病害分布范围广，不同位置处的车辙深度不同，从而需要采取不同的修复方案。如采用铣刨后重新铺筑表面层的方案，需要人员、设备和材料较多，修补费用较大，造价高。而采用微表处法修复高速公路沥青路面车辙，可以有效修复的车辙厚度达38mm，处置效果稳定，不易产生塑性变形，可以显著提高路面的使用性能和耐久性，施工简单快捷、开发交通快，与其他处置措施相比成本低廉，是一种可以不用铣刨解决车辙问题及其他病害的最有效最经济的手段之一。

微表处起源于20世纪70年代的欧洲，起初是作为车辙填充材料来填补车辙。美国于1980年引进该技术并在全国进行推广。此后，许多国家开始使用这种技术对重交通道路进行表面整修和填补车辙。微表处技术是一种预防性养护方法，《公路沥青路面养护技术规范》JTJ 073.2—2001规定：微表处主要用于高速公路和一级公路预防性养护以及填补轻微车辙。我国《公路沥青路面施工技术规范》JTG F40—2004规定：单层微表处适用于车辙深度不大于15mm的情况；超过15mm的车辙必须分两层摊铺，或先用V字形车辙摊铺箱摊铺；深度大于40mm的车辙，不适宜作微表处处理。

5.7.3　预防车辙和推移病害

预防车辙和推移病害，最主要的是提高沥青混凝土材料的高温稳定性以及提高路基整体强度。首先，要选取合适的筑路材料。选用低针入度、高软化点、低含蜡量的高黏度沥青和表面粗糙、嵌挤作用好、与沥青黏结性能强的集料，可在一定程度上缓解车辙的形成。其次，在施工中要控制好压实度，避免由于压实度不足而引起车辙的发生。

1. 车辙的处置

（1）对于连续长度不超过 30cm、辙槽深度小于 8mm、行车有小摆动感觉的，可通过对路面烘烤、耙松、添加适当新料后压实即可。

（2）当沥青面层磨损、横向推移时，应清除不稳定层，用铣刨机拉毛，重铺面。

（3）当基层或土基不稳定时，应先进行补强处理后，再修复面层。

（4）对于因基层施工质量差引起的车辙、推移，在重新摊铺面层前应先行处理好软基层。

2. 推移、波浪、沉陷的处置

（1）对于路面产生的推移、波浪可采用铣刨设备或人工刨削峰顶，挖出高出路面的峰顶，然后用拌和法和层铺法补低凹处。

（2）对于沥青含量较大的推移最好彻底挖除，重新铺筑沥青面层。沉陷病害根据成因区别处置。由于土基浸水造成的沉陷，就要新进行水害的防治，然后重新修补基层和沥青面层。

（3）对于由于施工时压实度不足造成的不均匀沉陷，可以采用化学注浆法或重新回填压实土基，重做基层和沥青面层。

为了快速修补局部沉陷，可采用水泥砂砾（加快凝剂）等结构层恢复基层。

5.8 波浪（搓板）维修

路面产生纵向连续起伏、似搓板状的变形即搓板（波浪）。波浪（搓板）的波峰与波谷高差起伏大于15mm时，应采用铣刨机削平；当铣刨后的路面露出粗集料或底面层时，应重铺面层，且厚度应大于30mm；当局部强度不足时，应先修补基层，再重铺面层。

1. 因面层原因形成的波浪（搓板）处置方法

（1）路面仅有轻微波浪或搓板，可在波谷部分喷洒沥青，并匀撒适当粒径的矿料，找平后压实。

（2）波浪（搓板）的波峰与波谷高差起伏较大时，应顺行车方向将凸出部分铣刨削平，并低于路面表面约10mm。削除部分喷洒热沥青，再匀撒一层粒径不大于10mm的矿料，扫匀、找平并压实。

（3）严重的、大面积波浪或搓板，应将面层全部挖除，然后重铺面层。

2. 因面层与基层之间存在不稳定的夹层而使面层形成波浪（搓板）的，应挖除面层，清除不稳定的夹层后，喷洒粘结沥青，重铺面层。

3. 因基层局部强度不足或稳定性差等原因造成的波浪（搓板）应先对基层进行处置，再重做面层。

4. 严重的、大面积波浪（搓板），应将面层全部挖除，然后重铺面层。

若面层与基层之间存在不稳定的夹层,面层在行车荷载的作用下推移变形而形成的波浪(搓板),应挖除面层,清除不稳定的夹层后,喷洒黏层沥青,重铺面层。因基层局部强度不足或稳定性差等原因造成的波浪(搓板),应先对基层进行处治,再重做面层。因基层原因而出现的波浪或(搓板)。

在处置上难度要大一些。薄沥青面层的平整度在很大程度上取决于基层的平整度,而基层的波浪(搓板)势必反映到面层上。此时唯有将基层的缺陷处置好,面层的病害才能得以根除。

5.9 麻面与松散维修

1. 已成松散状态的面层,应将松散部分全部挖除,重铺面层,或按 $0.8\sim1.0$ kg/m² 用量喷洒沥青,撒布石屑或粗砂进行处置。

2. 沥青面层因不贫油出现的轻微麻面,可在高温季节撒布适当的嵌缝料处置;大面积麻面应喷洒沥青,并撒布适当粒径的嵌缝料处置。

(1)对大面积的麻面、松散路段,可在气温上升(10℃以上)后,清扫干净,重做喷油封层,喷布沥青 $0.8\sim1.0$ kg/m² 后,撒 $3\sim5$(8)mm 石屑或粗砂 $5\sim8$ m³/(1000m²),用轻型压路机压实。

(2)由于油温过高,黏结性老化而造成松散者,应挖除重铺。

(3)由于基层或土基松软变形而引起的松散,先处理基层或土基的病害后,再重做路面。

（4）因沥青与酸性石料间的黏附性差而造成路面松散的，应将松散部分全部挖除后，重做面层。重做面层的矿料不应再使用酸性石料。在缺乏碱性石料的地区，应在沥青中掺入抗剥离剂、增黏剂或使用干燥的生石灰、消石灰、水泥等表面活性物质作为填料的一部分，或采用石灰浆处理粗集料等抗剥离措施，以提高沥青与矿料的黏附力，并增加混合料的水稳性。

5.10　泛油维修

1. 轻微泛油的路段，可撒 3～5mm 粒径的石屑或粗砂处置；较重泛油的路段，可先撒 5～10mm 粒径的石屑采用压路机碾压。待稳定后，再撒 3～5mm 粒径的石屑或粗砂处置；严重泛油路段，应将含油量过高的软层铣刨清除后，重铺面层。

（1）轻微泛油的路段，可撒上 3～5mm 粒径的石屑或粗砂，并用压路机或控制行车碾压。

（2）泛油较严重的路段，可先撒 5～10mm 粒径的碎石，用压路机碾压。待稳定后，再撒 3～5mm 粒径的石屑或粗砂，并用压路机或控制行车碾压。

① 先撒一层 10～15mm 粒径或更大的碎石，用压路机将其强行压入路面，待基本稳定后，再分次撒上 5～10mm 粒径的碎石，并碾压成型。

② 将含油量过高的软层铣刨清楚后，再重做面层。

2. 施工要求：

（1）处治时间应选择在泛油路段已出现全面泛油的高温季节。

（2）撒料应顺行车方向撒，先粗后细，做到少撒、薄撒、匀撒、无堆积、无空白。

（3）禁止使用含有粉粒的细料。

（4）采用压路机或引导行车碾压，使所撒石料均匀压入路面。

（5）如采用行车碾压，应及时将飞散的粒料扫回，待泛油稳定后，将多余浮动的石料清扫并回收。

3. 绝大多数情况下，泛油仅发生在行车道上，而且是间断式的片状分布。泛油是一个不可逆过程，并不能随着温度的降低而恢复到原有状态。泛油还可能继续发展，逐渐扩大成片状，甚至布满整个行车道。

根据国内外的研究，对泛油病害的处置措施主要有：

（1）沥青在路面结构中向表面迁移，导致表面沥青含量高，而下面沥青含量低，甚至没有沥青，混合料处于松散状态，产生了结构性的破坏。这种病害表面上表现为泛油，实质是因为沥青混合料水稳定性不足造成的。对于这种泛油，应将水稳定性不足的结构层全部铣刨重新罩面处理。

（2）对于上、中面层或者上、中、下面层沥青用量均偏高、级配偏细或面层空隙率偏低而导致的泛油，一方面可以将沥青用量、级配不正常的表面层进行铣刨重新罩面处理；另一方面，可以在路面表面铺设碎石封层以恢复路表面的功能。

（3）若泛油仅仅产生在表面层，即由于表面层沥青用量偏高、级配偏细，或表面层空隙率偏低造成了表面层的泛油，而沥青中、下面层级配、沥青用量均为良好，并未发生沥青的迁移现象。对于这种类型的泛油，可将沥青路面表面 $1\sim2\mathrm{cm}$ 的富沥青层铣刨去除后铺筑 $1\sim2\mathrm{cm}$ 的稀浆封层、微表处或其他薄层罩面，以恢复路面表面功能。

5.11 脱皮维修

封层的脱皮,应清除已脱落和松动的部分,再重新做上封层;沥青面层层间产生脱皮,应将脱落及松动部分清除,在下层沥青面上涂刷黏层油并重铺沥青层。

(1) 由于沥青面层与上封层之间黏结不好或初期养护不良引起的脱皮,应清除已脱落和已松动的部分,再重新做上封层,所做封层的沥青用量及矿料粒径规格应视封层的厚度而定。

(2) 如沥青面层层间产生脱皮,应将脱落及松动部分清除,在下层沥青面上涂刷黏结沥青,并重做沥青层。

(3) 面层与基层之间因黏结不良而产生的脱皮,应先清除掉脱落、松动的面层,分析黏结不良的原因,处理后,重做面层。

5.12 啃边维修

啃边维修应将破损沥青面层挖除,补砌路缘石,在接茬处涂刷黏结沥青,再恢复面层。

(1) 因路面边缘沥青面层破损而形成的啃边,应将破损的沥青面层挖除,在接茬处涂刷适量的黏结沥青,用沥青混合料进行填补,再整平压实。修补啃边后的路面边缘应与原路面边缘齐顺。

(2) 因基层松软、沉陷而形成的啃边,应先对路面边缘基层局部加强后再恢复面层。

(3) 应加强路肩的养护工作，保持路肩稳定；随时注意填补路肩上的车辙、坑洼或沟槽；经常保持路肩与路面衔接平顺，并保持路肩应有的横坡，以利排水。

(4) 为防止路面啃边，可采取下列措施：

① 用砂石、碎砖（瓦）、工业废渣等改善、加固路肩或设硬路肩，使路肩平整、坚实。

② 在路面边缘增设路缘石，或将路面基层加宽到其面层宽度外 20~25cm 处。

③ 在平交道口或曲线半径较小的路面内侧适当加宽路面。

5.13 磨光

路面由于磨光作用，使路面抗滑系数一般随着使用时间延长呈降低的倾向。考虑高速行车时的安全问题，需要结构层进行磨光调查和检测。磨光检测用摩擦系数和构造深度 TD (mm) 表示。

目前，对磨光病害的处治措施主要有：

(1) 对于高速公路、一级公路抗滑能力降低、已磨光的沥青面层，可以用路面铣刨机直接恢复其表面的粗糙度。

(2) 对于表面过于光滑、抗滑性能特别差的路段应作罩面处理。在磨光路面上加铺抗滑表层，采用拌和法或层铺法进行沥青混合料表面处置，其矿料级配应符合《公路沥青路面施工技术规范》的要求，也可以采用乳化沥青稀浆封层，其矿料宜选择硬度高的玄武岩，沥青应使用聚合物改性沥青，以确保施工质量。进行沥青表面处置时，应先处置好原路面上的各种病害，若路表有泛油的薄层，应先清除掉，再洒黏层油，进行罩面，其技术要求应符合《公路沥青路面施工技术规范》的规定。

5.14 冻胀和翻浆

　　现场调查发现，路面冻胀呈现出在道路横断面方向上的不均匀性，在道路中央冻胀变形量最大，因而在道路中线上出现较大裂缝。道路横断面方向出现不均匀冻胀的原因，主要是由于路肩附近路面有绿化植被、堆积积雪等覆盖物，使这部分路面结构在寒冷时期有隔温作用。所以，道路中央部分的冻结深度和冻胀量都要比路肩部分大，使路面产生弯曲拉应力，造成路面的损坏。在沥青路面中的这种破坏现象，由于和路面中央部分施工接缝一致，所以表现出在道路的纵断方向产生较大裂缝的特征。

　　另外，对土覆盖较浅的横向涵渠和管道，当回填材料易引起冻胀土时，由于涵管内壁受冷空气的作用，因而产生的冻胀变形比外侧的要大，由于涵管的冻胀路面出现了凸起，产生了裂缝。这种现象使冬季高速行驶的汽车产生了一定的危险性。

　　道路冻胀现象已成为路面的一种破坏形式，而到了春融期间，路基土中的霜柱融解面导致土基、垫层承载能力下降。春融期，路基土中由霜柱构成的冰层从上部向下开始融化，其附近的土层处于饱和状态，特别是溶解的水被未解冻的土层阻挡停留在保持冻结的土层上，很难向下渗透，尤其是当土中一次形成大量冻层时，冻层融解后，土的密实度减小，承载能力明显降低。如果道路处于这种状态，当大量重车通过时，沥青混凝土面层下表面的拉应力增大，土基表面的垂直变形增加，当超过其极限值时，在轮迹处产生网状裂缝，随之路面下沉，遭到破坏。

对已沉路面，应在养护中及时填灌冻缝，防止雨雪水下渗并做好路基排水，尽量保持路基干燥。因冻胀而严重损害必须大修的路面，则应采取切实的改善措施，预先杜绝冻胀隐患。对已出现翻浆的路段可以采取的应对措施主要有：

（1）开渠排水。路面经常处于潮湿状态，使路基发软开始翻浆，应及时在路肩上开挖横沟，排除表面积水，沟宽在30～40cm，间距5cm左右，沟深至路面基层以下，高于边沟底，路面坑洼严重地段，除设置横沟外，还应顺路面边缘修纵向小盲沟或渗水井。

（2）挖换土壤。将路基翻浆的土和稀泥挖出，换填40～60cm厚的砂性土或碎（砾）石，分层压实后重铺路面。严重翻浆部分，软土全部挖除，填入水稳性良好的砂砾料，并分层压实。

（3）排除路表积水。及时修补路面沟槽和路肩坑洼，使其平整、无堆积物、无积雪等，尽快排除表面积水。

（4）换铺粒料。挖除翻浆路段的稀泥，换填碎石、砖块或炉渣等粒料，整平后碾压或夯实。或挖除稀泥后填入水稳定性较好的干土，再铺粒料垫平后碾压或夯实。

6 人行道维修

6.1 一般规定

（1）人行道养护维修应包括人行道基层、面层及人行道无障碍设施、人行道缘石、树池和踏步等。对人行道及其附属设施应经常巡查。

（2）人行道及其附属设施应处于完好状态。

6.2 面层

1. 人行道面层养护维修主要包括砌块填缝料散失的补充，路面砖松动、破损、错台、凸起或凹陷维修，较大面积的沉陷、隆起或错台、破损维修，检查井沉陷和凸起维修。

2. 人行道面层砌块铺装必须设置足够强度基层和垫层，面层砌块发现松动应补充填缝料，缝隙应填灌饱满，砌块排列应整齐，面层应稳固平整，排水应通畅。

3. 垫层材料可采用干砂、石屑、石灰砂浆、水泥砂浆等。

6.2.1 面层养护维修规定

(1) 更换的砌块色彩、强度、块型、尺寸均应与原面层砌块一致。

(2) 面层砌块发生错台、凸出、沉陷时,应将其取出,整理垫层,重新铺装面层,填缝。维修的部位应与周围的面层砌块砖相接平顺,砌块的修补部位宜大于损坏部位一整砖。

(3) 对基层强度不足产生的沉陷、破碎损坏,应先加固基层,再铺砌面层砌块。

(4) 检查井周围或与构筑物接壤的砌块应切块补齐,不宜切块补齐的部分应及时填补平整;盲道砌块缺失、损坏应及时维修。盲道的块型、位置应安装正确。

6.2.2 人行道面层砌块防滑性能

人行道面层砌块应具有防滑性能,其材质标准应符合表6-1的要求。

表6-1 人行道面层砌块材质标准

项 目	技术要求
抗折强度(MPa)	不低于设计要求
抗压强度(MPa)	≥30
对角线长度(mm)	±3(边长>350mm),±2(边长<350mm)
厚度(mm)	±3(厚度>80mm),±2(厚度<80mm)
边长(mm)	±3(边长>250mm),±2(边长<250mm)
缺边掉角长度(mm)	≤10(边长>250mm),≤5(边长<250mm)
其他	颜色一致,无蜂窝、露石、脱皮、裂缝等

6.3 基础

(1) 当人行道变形下沉和拱胀凸起时,应对基础进行维修。

(2) 修复挖掘的人行道基础时,要求沟槽回填的最小宽度应满足夯实机械的最小工作宽度,且不得小于600mm;应分层回填夯实,分层的厚度应小于夯实机械最大振实厚度。当不能满足回填最小宽度时,可采用灌筑混凝土等方法回填密实,沟槽回填应高于原路床,夯实后再整平,恢复面层。

6.4 缘石

(1) 混凝土缘石应经常保持稳固、直顺,发生挤压变形、拱胀变形应予以调整,调整后的缘石应及时勾缝。更换的缘石规格、材质应与原路缘石一致。

(2) 花岗岩、大理石类的缘石其缝宽不得小于3mm,最大缝宽不得超过10mm。

(3) 道路翻修、人行道改造时,砌筑缘石应采取C15水泥混凝土做立缘石背填。

(4) 缘石养护质量标准应符合表6-2的规定,缘石标准应符合表6-3的规定。

表 6-2 人行道缘石养护质量标准

项目	技术要求	检验频率		检查方法取最大值
		范围	点数	
直顺度	≤10mm	20m	1	20m 小线
相邻块高差	≤3mm	20m	3	钢尺
缝宽	±3mm	20m	1	钢尺
高程	±10mm	20m	1	水准仪

表 6-3 缘石标准

项目	技术要求
抗折强度（MPa）	不低于设计要求
抗压强度（MPa）	≥30
长度（mm）	±5
宽度与厚度（mm）	±2
缺边掉角（mm）	<20，外露面、边、棱角完整
其他	颜色一致，无蜂窝，露石，脱皮，裂缝等

6.5 其他构造物

1. 城市道路窨井周围的沥青混凝土或水泥混凝土由于受渗水影响较大，设计时必须考虑其排水情况，以便降低其对路面的破坏程度。

2. 窨井维修前，查明其破坏类型，并从窨井基础承载力不够、窨井本身质量问题、窨井周边回填不实、路面面层质量、盖板盖座的质量等方面分析其产生破坏的原因。

3. 窨井本身质量、盖板盖座的质量问题可采用新型窨井盖，引进自调试防沉降盖座等新型设计技术。

4. 窨井沉降维修施工一般操作规程：

（1）基坑开挖。宜为圆形，采用圆形井周铣刨机，以检查井中心为圆心，半径应以出现凹陷、龟裂部位范围的半径加上 50cm 为宜，画圆切割井周病害路面，切割深度应以路面沥青面层结构层厚度而定，切割范围内路面结构层用风镐破除，破除范围应小于基坑尺寸，具体清理深度要看病害程度，如果路面基层底基层也出现龟裂松散病害，一并清除。基坑预留边缘部分采用人工凿出，保证坑壁整齐、圆顺、坚实，基底应清理干净，基底如果清理至路基必须用冲击夯夯实，并做 5~10cm 碎石垫层，水泥混凝土浇筑前基坑底部、侧立面应用水湿润。

（2）高程控制。井盖安装高程按测量定位的四个点用"十字法"控制，必须在水泥混凝土振捣完成后准确复核，实际控制中井盖标高应较周边沥青混凝土标高低 2~3mm，确保在沥青混凝土铺筑时压路机不直接作用至井盖。

（3）水泥混凝土浇筑、养护。宜采用低强度等级的水泥混凝土，要求具有早强且干缩小的特性并振捣密实。预留道路路面中、上面层的厚度，最后一次性用沥青混凝土铺筑碾压成型。

（4）铺筑井周沥青混凝土。沥青混合料宜采用与老路面相同规格的混合料，在井周加固水泥混凝土表面及基坑侧立面喷洒黏层油，摊铺、碾压沥青混合料一次成型，铺筑过后积聚在窨井盖上的细料应用小铲子铲除，清扫干净，压实机具的选用应保证井周沥青混合料压实度满足道路设计要求。加强井周维护，保证沥青混合料温度降至 50℃以下时，方可开放交通。

（5）严格控制窨井井底标高，不得超挖，如遇超挖现象不得用土回填，宜增加基础水泥混凝土厚度找平。

7 水泥混凝土路面养护

7.1 一般规定

1. 水泥混凝土路面养护应包括下列主要内容：
（1）日常巡查、小修、养护；
（2）周期性的灌缝；
（3）对路面发生的病害及时进行处理；
（4）按周期有计划地安排中修、大修、改扩建项目，提高道路的技术状况。

2. 水泥混凝土路面的大修、改扩建工程项目应进行专项工程设计。

3. 对Ⅰ、Ⅱ等养护的道路宜采用专用机械及相应的快速维修方法施工。

4. 水泥混凝土路面养护维修的常规和专用材料，应具有足够的强度、耐久性和稳定性，养护维修的主要材料应进行试验，并应符合本规范附录K的要求。

5. 水泥混凝土路面的养护质量应符合《城镇道路养护技术规范》CJJ 36—2016 的规定。

6. 水泥混凝土路面常见病害的维修除应符合本规范外，尚应符合国家现行标准《公路水泥混凝土路面养护技术规范》

JTJ 073.1 的有关规定。

7.2 路面的日常养护

1. 水泥混凝土路面必须经常清除泥土、石块、砂砾等杂物，严禁在路面上拌合砂浆或混凝土等作业。
2. 对有化学制剂或油污污染的水泥混凝土路面应及时清洗。
3. 水泥混凝土路面缘石缺失应及时补齐。
4. 接缝的养护应符合下列要求：

（1）填缝料凸出板面时应及时处理，对城镇快速路、主干路不得超出板面，对次干路和支路超过 3mm 时应铲平；

（2）杂物嵌入接缝时应予清除；

（3）填缝料外溢流淌到面板应予清除；

（4）填缝料的更换周期宜为 2～3 年；

（5）填缝料局部脱落时应进行灌缝填补；脱落缺失大于 1/3 缝长时应立即进行整条接缝的更换；

（6）清缝、灌缝宜使用专用机具，更换后的填缝料应与面板黏结牢固；

（7）填缝料技术要求应符合《城镇道路养护技术规范》CJJ 36—2016 的规定；

（8）填缝料的更换宜选在春秋两季，或在当地年气温居中且较干燥的季节进行。

7.3 常见破损的维修

1. 路面板出现小于 3mm 的轻微裂缝,可采用直接灌浆方法处置。对大于或等于 3mm 且小于 15mm 贯穿板厚的中等裂缝,可采取扩缝补块的方法处置。对大于或等于 15mm 的严重裂缝可采用挖补方法全深度补块。

2. 裂缝的维修应符合下列规定:

(1) 扩缝补块的最小宽度不得小于 100mm;

(2) 采用挖补方法全深度补块时,基层强度应符合要求。

3. 板边、板角修补应符合下列规定:

(1) 当水泥混凝土路面板边轻度剥落时,快速路、主干路的养护不得采用沥青混合料修补;

(2) 板角断裂应按破裂面确定切割范围,在后补的混凝土上,对应原板块纵横处切开;

(3) 凿除破损部分时,应保留原有钢筋,新旧板面间应涂刷界面剂;

(4) 与原有路面板的接缝面,应涂刷沥青,如为胀缝,应设置接缝板;

(5) 当混凝土养生达到设计强度后,方可通行车辆。

4. 水泥混凝土路面板块脱空,可采用弯沉仪、探地雷达等设备测定。其弯沉值超过 0.2mm 时应确定为面板脱空。

5. 面板脱空可采用灌浆方法处置,且灌浆孔的布设应符合下列规定:

(1) 灌浆孔与面板边的距离不应小于 0.5m,灌注孔的数量在一块板上宜为 3~5 个;

（2）孔的直径应和灌注嘴直径一致；

（3）灌注压力宜为 1.5~2.0MPa；

（4）灌注作业应从沉陷量大的地方开始。当相邻孔或接缝处冒浆即可停止泵送。每灌完一孔应采用木楔堵孔。

6. 水泥混凝土路面唧泥病害，应采取压浆处理。处理后应对接缝及时灌筑。

7. 错台的维修应符合下列规定：

（1）当Ⅰ等养护的道路错台高差大于 8mm，Ⅱ、Ⅲ等养护的道路错台高差大于 12mm 时，应及时处置；

（2）高差大于 20mm 的错台，应采用适当材料修补，且接顺的坡度不得大于 1%；

（3）修补时应将下沉板凿成 20~50mm 深的槽，并涂刷界面剂。

8. 面板沉陷的维修应符合下列规定：

（1）采用面板顶升，顶升值应经测量计算确定。原板复位后，按板下脱空进行处置；

（2）面板整板沉陷并发生碎裂，应采取整板翻修；

（3）当沉陷处经常积水，可在适当位置增设雨水口。

9. 相邻路面板板端拱起的维修，应根据拱起的高度，将拱起板两侧横缝切宽，释放应力，使板逐渐恢复原位，修复后应再检查此段路面的伸缝，如有损坏应按《城镇道路养护技术规范》CJJ 36—2016 要求维修。

10. 坑洞的补修应符合下列规定：

（1）深度小于 30mm 且数量较多的浅坑或成片的坑洞可采用适宜材料修补；

（2）深度大于或等于 30mm 的坑槽，应先做局部凿除，再补修面层；

11. 接缝的维修应符合下列规定：

（1）接缝填料的损坏维修应符合《城镇道路养护技术规范》CJJ 36—2016 的要求；

（2）接缝处因传力杆设置不当所引起的损坏，应将原传力杆纠正到正确位置；

（3）在伸缩缝修理时，应先将热沥青涂刷缝壁，再将接缝板压入缝内，对接缝板接头及接缝板与传力杆之间的间隙，必须采用沥青或其他接缝料填实抹平，上部采用嵌缝条的接缝板应及时嵌入嵌缝条；

（4）在低温季节或缝内潮湿时应将接缝烘干；

（5）当纵向接缝张开宽度在 10mm 及以内时，宜采用加热式填缝料；

（6）当纵向接缝张开宽度在 10mm 以上时，宜采用聚氨酯类填缝料常温施工，当纵向接缝张开宽度超过 15mm 时，可采用沥青砂填缝；

（7）当接缝出现碎裂时，应先扩缝补块，再做接缝处理。

7.4 翻修及路面改善

1. 水泥混凝土路面整块面板翻修应符合下列规定：

（1）旧板凿除时，不得造成相邻板块破损、错位，应保留原有拉杆；

（2）基层损坏或强度不足时，宜采用不低于 C15 混凝土补强，基层补强层顶面标高应与基层顶面标高相同；

（3）在混凝土路面板接缝处的基层上，宜涂刷一道宽 200mm 沥青带；

（4）应根据通车时间要求选用路面的修补材料，进行配合比设计。

2. 部分路段的翻修应符合下列规定：

（1）必须依据路段的检测评价报告确定翻修的等级和标准；

（2）路段的翻修应有维修设计文件；

（3）路段翻修应统一规划；

（4）翻修时，新旧水泥混凝土板交接处应设传力杆，并对损坏的拉杆进行修复。

3. 表面功能修复应符合下列规定：

（1）水泥混凝土路面出现较大面积的磨光、起皮、剥落、露骨等病害，应及时安排大、中修工程予以维修；

（2）城镇次干、支路可采用表面处理、稀浆封层或加铺沥青磨耗层的方法维修；

（3）路面磨光时宜采用刻槽机对路面板重新刻槽，槽深宜为3～5mm，槽宽宜为3～5mm，缝距宜为10～20mm。

4. 水泥混凝土路面改善应因地制宜，可加铺水泥混凝土面层或沥青混凝土面层。

5. 加铺水泥混凝土面层应符合下列规定：

（1）水泥混凝土加铺层的标高控制应与周边环境、临路建筑标高协调，不得影响正常雨水排除；

（2）对原混凝土路面的各类病害必须进行维修；

（3）新、旧混凝土路面间应设置隔离层，隔离层可选用沥青混凝土、土工布或沥青油毡等材料；

（4）加铺层的厚度应通过设计计算确定，并不得小于180mm；

（5）桥面荷载或标高受到限制的路段可采用钢纤维混凝土

加铺层或沥青混凝土加铺层。

6. 加铺沥青混凝土层应符合下列规定：

（1）加铺前应对原混凝土路面进行检测，当强度处于不足状态时，应做补强层厚度计算且应对路面板损坏部位进行维修；

（2）反射裂缝的防治可采用土工格栅、改性沥青油毡、土工布等材料；

（3）喷洒乳化沥青黏层油时，应在破乳后进行摊铺作业；

（4）在水泥混凝土路面上加铺沥青混凝土的厚度不得小于 80mm。

7. 严重病害修补过程：

（1）立模

① 具备有足够的强度和刚度。立模时应设有足够的支撑，以保证在混凝土振实时不松动或变形。

② 模板内侧面、顶面和底面均应刨光，拼接应严密无缝隙，角隅应平整无缺损。模板中孔眼、小裂纹应用油灰或水泥纸筋石灰嵌平。

③ 在模板内侧应均匀薄涂一层废机油或肥皂水，以便脱模并防漏浆。接头应严密无缝隙，不得有离缝、错缝、顶面应齐平，不得有高低错落。

④ 模板应根据放样位置，准确安装，支撑应牢固，底面与基层表面应密贴。

（2）钢筋绑扎

钢筋的表面应洁净，使用前将表面油渍、漆皮、鳞锈等清除干净，钢筋应平直、无局部弯折，钢筋骨架在不同高度绑扎适量的垫块，以保持钢筋在模板中的准确位置和保护层的厚度，钢筋骨架应设架立筋固定成型。钢筋绑扎和焊接头应符合规范要求。

(3) 混凝土浇筑

摊铺时用铁铲撒铺混合料,不得扬撒抛掷,以免混凝土发生离析。在模板附近,需用方铲扣铲法撒铺混合料,并插捣几下,使浆水捣出,以免发生空洞蜂窝现象。混凝土板厚一次摊铺捣实。每仓混凝土板的摊铺振实工作应连续进行,不得中途间断。若有特殊的原因,在初凝时间内被迫临时停工,中断施工的一块混凝土板上应用湿麻布覆盖,以防假凝。恢复施工时,应将此处混凝土耙松补浆后再继续浇筑。若停工超过混凝土初凝时间,应作施工缝处理。施工缝应设在缩缝处。若无法设在缩缝处,其位置应设在板的正中部分。超过初凝时间的混凝土混合料严禁继续使用,严禁分散铺于混凝土板底层,已经摊铺的必须予以清除。每 100m³ 混凝土应制作一组试块,作为混凝土 28d 强度的依据。若需要做 7d 和 14d 试验,则另行增加试块组数。

(4) 混凝土振捣

混凝土铺筑到长度 1m 后,先采用 2.2kW 的平板式振动器振捣一遍,然后加高铺筑混凝土到顶,等初步整平后换用 1.5kW 的平板式振动器再振捣一遍。振捣时,振捣器沿纵向一行一行地由路边向路中移动,每次移动平板时前后位置的搭头重叠面为 20cm 左右(约为 1/3 平板宽度)。不得漏振。振动器在每一位置的振动时间一般为 15~25s,不得过久,应以振至混凝土混合料泛浆,不明显下降、不冒气泡、表面均匀为度。凡振不到的地方,如模板边缘、窨井附近等,均改用高频率插入式振动器振捣,振动时应将振动棒垂直上下缓慢抽动,每次移动间距不得大于作用半径的 1.5 倍。插入式振动器与模板的间距一般为 10cm 左右。插入式振动器严禁在传力杆上振捣，以免损坏邻板边缘混凝土。经平板振动器整平后的混凝土表面应基本平整，无明显的凹凸痕迹。然后用振动夯样板振实整平。

（5）割缝

在混凝土浇捣完毕后，混凝土强度达到 70%～80% 设计强度时即可切割。按照缩缝或纵缝的位置使用切缝机切割成缝，其宽度在 6～8mm。缝内填聚氨酯填缝料。

（6）养生

养生的目的是防止混凝土的水分蒸发过快而产生收缩裂缝和保证水泥能充分进行水化作用。混凝土初期成型强度增长的快慢，主要取决于适当的温度和湿度。养生通常采用湿法养生。当混凝土表面尚呈湿润而有一定硬度（用手指轻揿上去没有痕迹）时，即应用湿草帘（或湿草包、湿砂）覆盖，并洒水湿润（不得使用水龙头集中在一处冲浇或直接浇在混凝土表面上）。混凝土表面不得留有任何痕迹如脚印和草帘痕迹等。必须经常洒水，使草帘始终保持潮湿，湿润养生期一般为 14d，在养生期间覆盖物应始终保持湿润，每天用喷壶或水龙带均匀洒水至少 2～3 次，夏季洒水次数还需增加，以保证混凝土基层的质量。

8 开挖与回填

8.1 开挖

1. 掘路的槽底最小宽度宜为所埋设施的外侧宽度加两侧夯实机具的工作宽度。

2. 路面开挖前必须用切割机进行路面分离,以免扰动或破坏沟槽周边区域的路面结构。

3. 沟槽挖土必须注意保护开挖地段的各种地下管线和相关设施,平面范围应按设计结果确定,严禁向沟槽路基两侧掏空挖土;挖土深度应按管道设计标高控制,严禁超挖。

4. 挖土过程中应当保持一定的纵横坡度,并设置临时排水沟,以利排泄雨水,必要时设置井点降水,并注意周围设施安全保护。

5. 施工产生的渣土及废弃物应在 24 h 内清运完毕,清运前应集中堆放并全部苫盖,防止外溢至围挡以外或者露天堆放。在城市主干路及人流稠度、交通繁忙的特殊路段,余土须立即清运。

6. 挖土中若遇软地层或障碍物,应采取特殊措施加固处理。

8.2 回填

1. 回填路基必须均匀、密实、稳定。路基回弹模量应比原有路基模量提高5%～10%,不得小于25MPa。路基土的最佳含水量及最大干密度应由击实试验确定。

2. 纵向挖掘工程回填,可采用原土回填。填土时沟槽内不得有积水,严禁带土复土,不得回填淤泥、腐蚀土及有机物质;回填土中硬土块、碎石等材料的含量应不超过30%,其最大粒径不超过100mm。

3. 横向过道挖掘工程、抢修工程(立即修复路面,恢复交通)采用换料回填。在管道两侧及管道顶面以上50cm范围内,应当均匀回填粗砂(或碎石),洒水(冲砂法)振实整平,其干重度不应小于$16kN/m^3$。

4. 掘路回填材料宜采用粗砂、砂砾土、石粉等,且不得含有草根、垃圾等有机物。砂砾土最大粒径不应大于5cm,级配连续,无明显粗、细料分离。石粉最大粒径应小于5mm,含泥量不得超过5%。

5. 回填料必须分层填筑、整平、压实,一般每层松土填土厚度不得超过30cm(压实厚度约20cm)。回填料要均匀铺入槽内,不得集中推入,填土松铺厚度详见表8-1。

6. 回填土时,当填土至管道顶部以上50cm的范围内,应从管道两侧对称进行碾压,并宜用人工进行分层夯实;当填土超过管道顶部以上50cm后,可采用机械碾压。土基沟槽分段填土时,交接处应做成阶梯形,阶梯顺沟槽方向的宽度应大于层厚的两倍。

7. 道路边缘、检查井、雨水口周围以及沟槽宽度过窄（宽度小于1.2m）回填土不能用压路机碾压的部位，应采用机夯或人力夯夯实。

8. 机动车车行道下的管涵构筑物复土原则上应不小于70cm，否则需做特殊处理，以保证道路恢复质量。

9. 层填土松铺厚度，应符合表8-1的规定，并及时夯实碾压。

表8-1 填土松铺厚度

机具名称		每层厚度（mm）
人力夯	木夯	100
	石夯	200
动力夯	蛙式夯	250
	充饥夯	250
压路机	2t压路机	250
	12t压路机	250～350
	轮胎压路机	350～400

10. 质量要求方面，土路基压实后，不得有翻浆、起皮、波浪、弹簧、积水、表面不平等现象。如下层未达到压实度要求，不得铺筑上层。路肩（人行道土基）应边线顺直、表面平整、无阻水现象。

8.3 垫层和基层

8.3.1 垫层

1. 施工前检查填土是否达到质量要求，如超出允许偏差，应当采取补救措施。垫层应具有一定级配的透水性良好的材料，质地坚硬，不含杂质。一般为砂砾垫层和碎石垫层。粉沙地区要求用中粗砂垫层。

2. 摊铺垫层时应当均匀一致，无明显粗细料分离现象。要求铺筑平整、坚实、粗细均匀，质量标准及允许偏差见表8-2。

表 8-2 垫层的质量标准及允许偏差

顺序	项目	标准及允许偏差	检验频率		检验方法
			范围	应测点数	
1	宽度	不小于标准沟槽宽度	50m	1	用钢尺量
2	厚度	不小于规定厚度	50m	1	开挖样洞，用钢尺量
3	压实干密度	大于 2.15/m^3	50m	1	灌砂法

8.3.2 基层

1. 基层应具有足够的强度、刚度和良好的稳定性，表面应平整、密实，拱度应与面层一致，高程应符合要求。摊铺前应当对垫层质量进行复检，符合质量要求后，才能进行基层摊铺。

2. 修复基层的各类材料应具有出厂合格证明，应经现场试验合格后才能使用。使用石灰、粉煤灰类材料碾压成型的基层，养生时间不得少于 7d。

3. 冬季不宜使用此类材料。雨季应合理控制施工段落，应当天摊铺，当天碾压成型。

4. 柔性基层一般适用于需要及时、快速恢复交通的掘路工程。用于掘路修复的柔性基层主要包括粗粒式沥青混凝土、沥青稳定碎石和级配碎石等。粗粒式沥青混凝土推荐选用 AC-25，沥青稳定碎石推荐选用 ATB-25，级配碎石宜采用紧排骨架-密实型级配。AC-25 和 ATB-25 推荐选用重交通道路沥青 AH-70。

5. 半刚性基层一般适用于沟槽尺寸能满足压路机碾压宽度的要求,并可关闭部分道路进行必要养护的掘路工程。用于绝路修复的半刚性基层主要包括废石膏改性三渣混合料、三渣(即二灰稳定粒料)和水泥稳定粒料等。三渣混合料所用石灰、粉煤灰及粒料的材料技术要求应符合《城镇道路工程施工与质量验收规范》CJJ 1—2008 的相关规定,质量要求见表8-3。水泥稳定粒料所用水泥宜选用低标号或一般标号(如 Q325、Q425)的普通硅酸盐水泥、矿渣硅酸盐水泥或火山灰质硅酸盐水泥,不宜选用快硬水泥、早强水泥以及已受潮变质的水泥,要求初凝时间在 3h 以上,终凝时间在 6h 以上。

表8-3 三渣基层的质量标准及允许偏差

顺序	项目	标准及允许偏差	检验频率		检验方法
			范围	应测点数	
1	压实度	≥98	50m	1	灌砂法
2	平整度	≤15mm	20m	2	用 3m 直尺量取最大值
3	宽度	不小于标准沟槽宽度	50m	1	用尺量
4	厚度	±10mm	50m	1	开挖样洞用钢尺量

6. 沥青稳定类基层应集中厂制,摊铺前,周边未开挖边界应凿切整齐,清理干净,并涂刷一层乳化沥青。混合料运抵施工现场后应立即摊铺,摊铺应从开挖区域的边界开始,逐渐向中心移动,同时采用热锹摊平,耧耙耧平。混合料应分层摊铺,每层压实厚度宜在 8~10cm。采用振动夯板夯实,振动夯板的质量应不小于 180kg,振动频率应不小于 3000 次/min。对于开挖与非开挖区域之间难以机械夯实的地方,应采用夯锤人工夯实。

7. 级配碎石宜集中厂拌,拌和过程中的加水量宜略高于最佳含水量,并根据天气情况调节,气温低、天气潮湿宜高

0.5%～1.0%，气温高、天气干燥宜高 1.0%～2.0%。摊铺前应对下层沟槽及土基回填料顶面洒水预湿，在接近最佳含水量的情况下迅速摊铺，每层摊铺厚度应根据压实机械确定，通常为 15～20cm。应采用小型振动夯板振密，在边角机械压实困难的地方，应采用夯锤人工夯实。

8. 无机结合料稳定类混合料宜集中厂拌，要求拌和均匀。摊铺时应设专人消除粗细集料离析现象，特别是局部粗集料窝应铲除并用新拌混合料填补。应采用 12t 以上的压路机进行碾压。用 12～15t 三轮压路机碾压时，每层的压实厚度不应超过 15cm；用 18～20t 三轮压路机碾压时，每层的压实厚度不应超过 20cm。

8.4 混凝土路面

1. 新、旧沥青路面面层的衔接应当紧密平顺，粘结牢固。

2. 沥青路面施工必须组织设计，并保证合理的施工日期。不得在气温低于 10℃（快速道和主干道）或 5℃（其他等级公路），以及雨天、路面潮湿的情况下施工。

3. 沥青路面宜连续施工，避免与可能污染沥青层的其他工序交叉干扰，以杜绝施工和运输污染。

4. 双层式沥青混凝土面层的上下层铺筑宜在当天内完成。摊铺前，应当对下层是否符合质量要求进行全面检查；如间隔时间较长，下层受到污染的路段，铺筑上层前应对下层进行清扫，并宜浇洒黏层沥青。

5. 沥青混凝土路面施工需边摊铺边整平，及时整形，防止粗细料离析。压路机应当均匀行驶，不得在碾压层上调头、转向或突然刹车。

6. 交通应在路面冷却后才开放。

7. 沥青混凝土的压实层最大厚度不宜大于 100mm，但当采用大功率压路机时且经试验证明能达到压实度时允许增大到 150mm。

8. 沥青路面施工应选择合理的压路机组合方式及初压、复压、终压（包括成型）的碾压步骤，以达到最佳碾压效果。压路机应以缓慢而均匀的速度碾压，不得在碾压层上调头、转向或突然刹车。沥青混凝土路面应待摊铺层完全自然冷去，混合料表面温度低于 50℃后，方可开放交通。需要提早开放交通时，可洒水冷却降低混合料温度。

9. 对雨水口井及各种检查井等周边压路机不易压实之处，应用人工补充夯实熨平，确保沥青混凝土面层与各种井盖框、平石和其他构筑物衔接紧密平顺，斜坡连接处平顺，不得有积水现象。

10. 施工应符合《城镇道路工程施工与质量验收规范》CJJ 1—2008，质量标准及允许偏差分别参见表 8-4～表 8-6。

表 8-4　进出口斜坡标准及允许偏差

项目	标准及允许偏差	检验频率		检验方法
		范围	应测点数	
土基压实度	≥90%	每个	1	用环刀法
基层压实度	≥93%	每个	1	用灌砂法
水泥混凝土强度	不低于设计规定	每个	1	—
平整度	5mm	每个	1	用 3m 直尺量取最大值
厚度	(+10mm；5mm)	每个	2	用钢尺量

8 开挖与回填

表 8-5 沥青混凝土面层质量标准及允许偏差

项目	标准及允许偏差
凿边	四周修凿整齐不歪扭
	四周修凿垂直不倾斜，凿边宽度为 50mm，深度为 20mm
接边	接边平整和顺，用 1m 直尺检验，新老混凝土面层之间高低差不超过 5mm
	与平石相接不得低于平石，用 1m 直尺检验，高不超过 5mm
	封边密实无起壳松散现象
盖框	窨井及各公用管线盖框与路面间高低差用 1m 直尺检验，不超过 10mm
平整度	没有裂缝、起拱等不稳定现象，用 3m 直尺检验，高低差不超过 5mm
摊铺碾压	表面粗细均匀
	碾压紧密无松散，空隙及明显轮迹
	无毛细裂缝
横坡	与原横坡相一致，不得有积水现象

表 8-6 沥青混凝土面层允许偏差

序号	项目	要求	检验频率 范围	检验频率 点数		检验方法
1	压实度（%）	≥95	2000m²	1		称质量检验
2	厚度（mm）	+20；-5	2000m²	1		用尺量
3	弯沉值	小于设计规范	路宽(m)	<9	2	用弯沉仪检测
				9～15	4	
				>15	6	
4	平整度	≤2.6	20m	路宽(m) ≤20	2	测平仪及 3m 直尺测平整度（任选一种）
				路宽(m) >20	4	
		5	20m	路宽(m) <9	1	弯沉值单位：100
				9～15	2	
				>15	3	

续表

序号	项目	要求	检验频率		检验方法
			范围	点数	
5	宽度	−20	40m	1	用尺量
6	中线高程	±20	20m	1	用水准仪具测量
7	横坡	±10 且不大于 ±0.3%	20m	路宽(m) <9 : 2 / 9～15 : 4 / >15 : 6	用水准仪具测量
8	井框与路面的高差	5	每座	1	用尺量取最大值

8.5 人行道

1. 人行道挖掘修复工序，翻挖沟槽部分土方及修整沟槽两侧各一定宽度（当开挖深度大于 1m 时，为 50cm；当开挖深度小于 1m 时，为 25cm）的人行道。土基夯实、平整及铺筑垫层或素混凝土基础。放样，铺筑人行道板或拌制、浇捣水泥混凝土。扫缝、拍夯、补缺、填缝、养生。旧料及时外运，清理场地。

2. 铺筑预制人行道一般采用"放样定位法"铺筑时板底应当紧贴垫层，不得有"虚空"现象。靠近侧石处的人行道板应当高出侧石顶面 5mm 以利排水。

3. 铺筑预制人行道板时，板底应当完全坐实，上下结成整体；板面应当恢复原有图案，保证路面平整，纵横缝顺直，特别注意各类井周边，要求平整顺直，按原标准找好坡度。调整后根据铺砌材料一律采用洒细砂灌缝或水泥灌

(勾)缝。

4. 铺筑预制彩色人行道板时,应当恢复原有图案,板底应当完全坐实,上下层结成整体。

5. 现浇水泥混凝土人行道板,应当与原有人行道接顺。水泥混凝土面层收水抹面后,应当及时分块滚花压线。成型应当遮盖湿润养生。

6. 人行道挖掘修复涉及城市道路其他附属设施应按下列规定执行。

(1) 凡路灯、广告、灯箱等各类构筑物基础部分,必须将原碎砖、水泥清除,重新调整补齐,基础根部缝隙用水泥抹平。

(2) 施工范围内人行步道彩色方砖或其他材料,要求按原样恢复,因管线埋设导致盲道调整,必须按国家有关标准实施。

(3) 缘石修复,要求缘石缺少、破损的,用与原材料一致的缘石调整补齐,交叉路口和转弯拐角处破损的一律更换新缘石,做深埋处理。凡新调整、更换的缘石必须勾缝,填缝充实,砌筑座浆。修复缘石时,应当与原缘石衔接和顺,调整好雨水口处标高。

(4) 凡施工范围内各类道路附属设施须按原规格、形状进行修复,已破损的应及时更换新设施。

(5) 施工后的余土、废渣应及时全部清运。

(6) 现浇混凝土人行道,对原人行道接边处应凿毛、清洗,铺筑时应当与原人行道接顺。水泥混凝土面层收水抹面后,应当及时分块滚花压线,并同原人行道图案一致,成型后应当遮盖湿润养生。

8.6 掘路快速修复施工

1. 掘路快速修复适用于要求道路快速恢复畅通的过街掘路或突发爆管修复；要求"当日作业，当日恢复交通"的掘路工程。

2. 应急掘路快速修复应注意道路的技术等级、交通量以及在城市路网中的重要程度；沟槽或土基回填深度内的湿度状况；现场施工的压实条件与施工连续性；掘路修复区域的开挖深度和面积大小。

3. 应急快速修复特殊的材料要求易于存储、运输，施工简便。

4. 填料依据结构层次可分为路基快速回填料、基层快速修复材料和面层快速修复材料。路基快速回填料包括中粗砂、碎砾石、石屑、热焖钢渣、高钙灰稳定土、路面铣刨料等。基层快速修复材料包括快硬硫铝盐酸水泥处置碎石、粗粒式沥青混凝土、沥青稳定碎石、级配碎石等。

5. 因时间紧张，沥青混凝土路面的应急快速修复路面无法及时进行专项设计，可参考周边路段已有的设计方案实施。

6. 回填路基、基层、沥青混凝土面层或水泥混凝土面层的质量控制与检测内容应符合《城镇道路养护技术规范》CJJ 36—2016 的有关规定。

9 道路附属设施的养护

9.1 分隔带及护栏

1. 分隔带及护栏应保持整齐、清洁、无缺损。当损坏或丢失,应按原设计的样式、颜色及时修补。
2. 防撞墩类分隔带应保持整齐、醒目,定期清洗。
3. 路缘石类分隔带,应按路缘石维修标准进行检查、维护。
4. 金属类护栏,宜定期清洗。当油漆脱落面积较大、有锈蚀现象时,应重新刷涂油漆。

9.2 标志牌

1. 道路的起点、终点和主要道路的交叉口处应设置路铭牌。
2. 路铭牌应设置在路口曲线起点上。牌底距地面高度应大于2m,立杆埋设应距路缘石约0.3m,并应垂直于地面,深度不得小于0.5m。
3. 路铭牌、指示牌等设施,不得安设在路口无障碍坡道上，不得妨碍行人正常通行。

4. 路铭牌、指示牌应经常保持整齐、清洁。

5. 路铭牌、指示牌出现松动或倾斜等现象时应及时进行修复，对严重破损的路铭牌应及时更换。

9.3 检查井、雨水口

1. 路面上的检查井盖、雨水口，应安装牢固并保持与路面平顺相接。检查井及其周围路面1.5m×1.5m范围内不得出现沉陷或突起。

2. 检查井井座、雨水口出现松动，或发现井座、井盖、井箅断裂、丢失，应立即维修补装完整。

3. 在路面上设置的其他种类的检查井，应符合国家现行标准《铸铁检查井盖》CJ/T 2017 的规定。

4. 检查井、雨水口的沉陷处理应符合下列规定：

（1）井筒腐蚀、损坏或井墙塌帮，应拆除到完好界面重新砌筑；

（2）砌筑材料宜采用页岩砖、建筑砌块或预制混凝土检查井；

（3）整平、调整井口高度时不得使用碎砖、卵石或土块支垫。

5. 检查井、雨水口的井座砌筑砂浆强度不应小于20MPa。

6. 检查井井座与路面的安装高差，应控制在±5mm之内。

7. 维修后的检查井、雨水口，在养生期间应设置围挡和安全标志加以保护。

8. 维修后的检查井、雨水口、井座周围、面层以下道路结构部分应夯填密实，其强度和稳定性应不小于该处道路结构的强度。

9. 雨水口的安装高度，应低于该处路面标高20mm，应在雨水口向外不小于1m的范围内顺坡找齐。

10. 改建或增设的雨水口，其连接管坡度不应小于1%，长度应小于25m，深度宜为0.7m。

9.4 涵洞

1. 每年洪水和冰雪季节前后，应对涵洞进行检查，检查内容应包括以下内容：

（1）洞内的淤积程度；

（2）涵洞主体结构的开裂、漏水、变形、位移、下沉及冻胀程度；

（3）涵顶及涵背填土沉陷程度；

2. 涵洞及其构筑物应完好，排水应通畅。

3. 涵洞保养应符合下列规定：

（1）洞口铺砌与上下游渠道坡度应平顺，及时清除涵台及坡锥体的杂草和树根；

（2）大雨或大雪后，应及时清除洞内外的淤积物或积雪；

（3）暴雨后，应及时修复水毁的排水构筑物，并应及时清除涵洞内的淤泥和洞口堆积物；

（4）涵洞的裂缝、局部脱落和缺损，应及时进行修补；

（5）当砖石拱涵或混凝土箱涵的沉降缝填料脱落时，应采用沉降缝专用填料及时修补，不得采用灰浆抹缝，不得采用泡沫材料填塞。

4. 当涵顶及涵背的填土出现下沉时，应立即检查涵体结构，并应采取修复措施。

5. 涵洞的修复应符合下列规定：

（1）当涵洞洞口冲刷严重时，可采用浆砌块石铺底并以水泥砂浆勾缝，铺砌末端应设置抑水墙，或在出水口设置消力池或消力槛等缓和流速的设施；

（2）当出现涵体结构破坏时，应开挖填土，按涵洞原结构进行修复；

（3）当涵洞端墙鼓肚或倾斜时，应开挖填土，加固或重新砌筑墙身；

（4）对非结构损坏引起的涵顶路面下沉，应及时采用水稳性良好的土壤填补夯实。

6. 当道路加宽或提高路基而需要接长涵洞时，应充分利用原有涵洞结构并在新旧结构之间做沉降缝。

7. 当涵洞荷载等级低于实际需要时，可依据设计计算，结合原结构形式进行加固或新建。

10 预防性养护技术

预防性养护（preventive maintenance）是养护的一种新的理念，是指养护部门在公路路面结构良好或是在路面病害发生初期，即对其进行养护，不让公路病害进一步向更深层次发展，从而达到延长路面使用寿命、保持道路完好率和平整度、提高道路质量、降低道路成本、延长中修或大修期限目的的作业方式和实用手法。路面的预防性养护应依靠科技进步，采用先进的检测手段定期采集路况数据。应采用路面管理系统，准确评价现状，预测路况发展趋势，提出科学的预防性养护对策。实施过程中，应积极推广应用新技术、新材料、新工艺、新设备。

与预防性养护对应的是矫正性养护，两种养护策略之间的区别主要在于养护的时机不同，并没有明确的界线，有时候同一种养护措施可以用于预防性养护，也可以用于矫正性养护。研究表明，路面使用性能不是直线下降的。在使用初期，其服务能力下降较缓慢，但当损坏状况超过某一限值时，路面的服务能力就开始急剧下降，病害迅速增多。若在此之前就采取预防性养护措施，则可及时阻止或延缓这种发展趋势，从而使路面始终维持较好的服务状况，有效地延长路面寿命，减少矫正性养护次数和费用。

预防性养护措施应满足路面状况、交通量、公路等级等的技术要求，且能充分发挥其应有的预养护性能。预防性养护措施应具有良好的费用效益，使得比其他措施具有更低的养护成本，应满足管理单位对路面养护质量和效果的要求、用户对路面使用性能的要求以及环境保护的要求。根据路面状况、交通量、道路技术等级和天气条件等情况选择预防性养护措施以及最佳预防性养护措施的流程。预防性养护主要措施有稀浆封层、微表处、复合封层、薄层热拌沥青混凝土罩面、沥青再生处置等。

沥青路面应进行经常性和预防性养护，预防性养护是指在不增加路面结构承载力的前提下，对路面结构尚好时有计划地采取某种技术措施，以达到保养路面、延缓损坏、保持或改进路面功能状况的目的。

当路面出现小于本标准沥青路面裂缝、松散、坑槽、拥包、啃边等病害界定时，可按表 10-1 和表 10-2 采用裂缝填缝、表面封层、薄层罩面或复合再生剂预防性养护措施。

表 10-1 城市道路快速路、主干路沥青路面预防性养护措施

路面主导损坏类型		严重程度	预防性养护措施
裂缝类	不规则裂缝	轻	微表处
	横向裂缝	轻	灌缝或封缝
	纵向裂缝	轻	灌缝或封缝
	龟裂	轻	微表处
变形类	车辙	轻	微表处
松散类	麻面	—	微表处
	松散	轻	微表处
其他类	泛油	—	微表处
	磨光	—	微表处

表10-2 城市道路次干路、支路沥青路面预防性养护措施

路面主导损坏类型		严重程度	预防性养护措施
裂缝类	不规则裂缝	轻	稀浆封层
	横向裂缝	轻	灌缝或封缝
	纵向裂缝	轻	灌缝或封缝
	龟裂	轻	稀浆封层
变形类	车辙	轻	稀浆封层
松散类	麻面	—	稀浆封层
	松散	轻	稀浆封层
其他类	泛油	—	稀浆封层
	磨光	—	稀浆封层

沥青表面处置宜在城市道路支路、郊区道路上使用，路面裂缝病害的单层沥青表面处置厚度不应超过 15mm；网裂病害的多层式表面处置厚度不应超过 30mm。

乳化沥青稀浆封层宜用于城市次干路、支路工程，稀浆封层不得作为路面补强层使用；稀浆封层施工时，其施工、养生期内的气温应高于 10℃，并不得在雨天施工；施工方法应符合国家现行标准《路面稀浆封层施工规程》CJJ/T 66 的规定。

微表处（聚合物改性乳化沥青稀浆封层）宜用于城市快速路、主干路的上封层，对原路面应进行整平处理，应采用稀浆封层摊铺机进行施工，施工方法和质量要求应符合《路面稀浆封层施工规程》的规定。

10.1 裂缝填封

为了及时控制路面裂缝的进一步发展，防止因水的渗透使路面裂缝扩大，延长道路使用寿命，应及时采取裂缝填封的养

护措施。

填缝料可分为加热施工式填缝料和常温施工式填缝料。市区施工一般采用常温式填缝料。填缝料应富有弹性，在交通的作用下能被揉压成形并作用于修补位置，保证在一定的温度范围内持久地保持其柔韧性。

10.1.1 基本要求

1. 沥青表面处置采用的沥青材料应符合 CJJ 1—2008 规定，经检验评定合格后才能使用。

2. 沥青面层所用的沥青标号应根据地区气候条件，施工季节气温进行选择，沥青储运站必须将不同来源、不同标号的沥青分开存放。沥青使用期间，沥青罐或储油池中储存的温度宜处于 130~180℃。

3. 道路石油沥青在储运、使用及存放过程中应有良好的防水措施，应避免再用水或热管道蒸气进入沥青池中。

4. 用于沥青面层的粗集料包括碎石破碎碎石、筛选砾石、破碎砾石和符合要求的矿渣等。粗集料的粒径规格按"沥青表面层用粗集料规格"的规定选用。粗集料应该具有洁净、干燥、无风化、无杂质、强度高、耐磨耗等特点。

10.1.2 施工工艺

1. 根据路况调查结果分析，不同破坏程度的路段采用不同的处理方式，坑槽、车辙、沉陷等病害严重路段先进行修补整平达到良好的平整度。作业前将路面尘土、砂、石粉等杂物清扫干净，达到下承层干燥、平整、无杂质的状态。

2. 沥青表面处治施工采用沥青洒布车喷洒沥青，车速和喷洒量保持稳定，喷洒均匀，小规模沥青表面处治施工可采用手工沥青洒布车洒布沥青，喷洒工人要拥有熟练操作技能，沥青的洒布温度控制在130～170℃为宜。

3. 撒布集料可用集料撒布机进行，不仅工作进展快，而且集料撒布更平整，撒布量更精确。撒布集料后应及时扫匀，达到全面覆盖、厚度一致、集料不重叠，也不露出沥青要求，局部有缺料时适当找补，积料过多将积料扫出。

4. 撒布集料后用钢筒双轮压路机从路边向路中心碾压3～4遍，轮迹重叠约30cm，碾压速度不宜超过2km/h。

10.2 乳化沥青稀浆封层

10.2.1 基本要求

1. 稀浆封层矿料中可以掺加矿粉、水泥、消石灰等填料。填料应干燥、疏松、无结团，填料及混合料结束指标应符合《城镇道路工程施工与质量验收规范》CJJ 1—2008的相关要求。

2. 稀浆封层用粗集料、细集料应符合CJJ 1—2008规定，细集料宜采用碱性石料生产的机制砂或洁净的石屑。矿料中超规格粒径的矿料颗粒要彻底清除。

3. 稀浆封层宜采用改性乳化沥青，采用的添加剂包括无机盐类添加剂、有机类添加剂等，未经试验验证的添加剂不得在施工中采用。

4. 稀浆封层采用专用机械施工。稀浆封层机宜有精确计量装置，一般采用单轴螺旋式搅拌箱，摊铺槽中设有一排布料器。

5. 稀浆封层施工、养生期内的气温应高于10℃，不得在雨天施工，严禁在过湿或积水的路面上进行稀浆封层施工。

6. 稀浆封层施工前原路面必须有足够的结构强度。原路面整体结构强度不足的，不应采用稀浆封层罩面；原路面局部结构强度不足的，必须根据具体情况按 CJJ 1—2008 中 7.2～7.4 节选择合适的方法进行补强。

7. 原路面为沥青路面时，一般不需喷洒黏层油。原路面为非沥青路面，应预先喷洒黏层油。用于半刚性基层沥青路面的下封层时，应首先在半刚性基层上喷洒透层油。

8. 稀浆封层正式施工前，应选择合适路段摊铺作试验段，试验段长度不小于 200m。当工程量较小或工期较短时，可将第一天的施工段作为试验段。通过试验段的摊铺，确定施工工艺。

10.2.2 施工工艺

1. 放样画线，根据路幅宽度调整摊铺箱宽度，尽量减少纵向接缝数量，在可能的情况下，宜使纵向接缝位于车道附近。据此宽度从路缘开始放样，一般均从左边开始画出走向控制线。

2. 将符合要求的矿料、乳化沥青、填料、水、添加剂等分别装入摊铺机的相应料箱，一般应全部装满，并应保证矿料的湿度均匀一致。

3. 将装好料的摊铺机开至施工起点，对准走向控制线，并调整摊铺箱厚度与拱度，使摊铺箱周边与原路面贴紧。操作时再次确认各料门的高度或开度。开动发动机，接合拌合缸离合器，使搅拌轴正常运转，并开启摊铺箱螺旋分料器。打开各料门控制开关，使矿料、填料、水几乎同时进入拌合缸，并当预湿的混合料推移至乳液喷出口时，乳液喷出。调节稀浆在分向器上的流向，使稀浆能均匀地流向摊铺箱左右。调节水量，使稀浆稠度适中。

4. 当稀浆混合料均匀分布在摊铺箱的全宽范围内时，操作手就可以通知驾驶员启动底盘，并缓慢前进，一般前进速度为 1.5～3.0km/h，但应保持稀浆摊铺量与生产量的基本一致。快开放交通型稀浆封层施工时摊铺箱中稀浆混合料的体积为摊铺箱容积的 1/2 左右，慢开放交通型稀浆封层施工时保持摊铺箱中稀浆混合料的体积为摊铺箱容积的 1/2～2/3。

5. 混合料摊铺后，应立即进行人工找平，找平的重点是起点、终点、纵向接缝、过厚、过薄或不平处，尤其对超大粒径集料产生的纵向刮痕，应尽快清除并填平。

6. 摊铺机上任何一种材料用完时，应立即关闭所有材料输送的控制开关，让搅拌缸中的混合料搅拌均匀，并送入摊铺箱摊铺完后，摊铺车停止前进，提起摊铺槽，将摊铺车移出摊铺点，清洗摊铺槽。施工中不得随意抛掷废弃物。

10.3 微表处

微表处适用于结构强度足够高、表面状况良好的路面，允许的路面损坏类型和程度包括轻微不规则裂缝、轻微龟裂、轻微车辙、麻面、轻微松散、泛油和磨光。微表处的施工应在温暖且日温差较小的天气进行，一般要求气温高于 10℃，而且在 24h 内没有冰冻现象；不得在雨天、可能有雨或炎热的天气下进行。

微表处所用材料应符合《微表处和稀浆封层技术指南》JTG/T F40—02 的有关规定。微表处的施工应按《公路沥青路面施工技术规范》JTG F 40 和《微表处和稀浆封层技术指南》JTG/T F40—02 的有关规定进行。

10.3.1 基本要求

1. 微表处应选用阳离子快凝型的改性乳化沥青,改性剂剂量(固胶占沥青的质量百分比)不宜小于3%。

2. 微表处用矿料可以采用不同规格的粗细集料掺配而成,也可以用大粒径的块石、卵石等经多级破碎而成。

3. 添加剂主要作用是调节微表处混合料可拌和时间、破乳速度、开放交通时间等施工性能,可采用无机结合料类添加剂如普通硅酸盐水泥、消石灰等,无机盐类添加剂如硫酸铝、氧化钙等,有机类增稠剂如聚乙烯醇、羧甲基纤维素等,乳化剂水溶液类添加剂等。

4. 微表处矿料中可以掺加矿粉,矿粉应干燥、疏松、无结团,并应符合《城镇道路工程施工与质量验收规范》CJJ 1—2008的相关要求。矿粉的掺加必须通过混合料设计试验确定。

5. 微表处前,原路面的病害必须进行修复。

6. 微表处混合料应通过配合比设计,符合技术要求后方可用于施工。

7. 微表处必须采用专用机械施工,施工、养生期内的气温应高于10℃,不得在雨天施工,严禁在过湿或积水的路面上进行微表处施工,渗水严重的路面,宜在雨季到来前完成微表处摊铺。

8. 采用微表处对沥青路面进行预防性养护时,要求原路面符合以下要求:路面强度指数(SSI)评价不得低于良;路面状况指数(PCI)评价宜为优,不得低于良。

10.3.2 施工工艺

微表处施工通常采用以下工艺流程:封闭(管制)交通

──→清扫路面──→放样──→旧路面病害处理──→摊铺机就位──→摊铺──→局部人工处理──→初期养护──→开放交通,一般操作规程如下:

1. 由于微表处只是一个超薄的罩面层,厚度仅为10mm左右,因此其效果受原路面状况影响较大,为了保证使用效果,微表处施工前先对路面进行清理,清除原路面上的松散材料、泥土、各种杂物等。

2. 微表处厚度薄,主要起防水、防滑、耐磨和改善路面平整度的作用,在路面结构体系中,只能作为表面保护层和磨耗层,而不起承重性的结构作用。原路面必须具有足够的强度和刚度,表面平整、密实、清洁,整体稳定。因此对于路基强度不足造成的严重网裂、坑槽应先注浆补强;对于大于3mm的纵、横向裂缝应开槽灌缝,以保证路面符合微表处施工条件;当路面具有大于10mm的连续车辙、大的拥包时,不宜直接采用微表处填补处理,应先进行铣刨和填补。

3. 路面修补完成后,对需加铺封层的路面应事先将所有杂草、松动的材料泥块等任何障碍性的东西加以清除。但是如果原路面空隙率很大或透水性太高时,应避免用水冲洗,可采用高压气吹的方法清理。原路面有大块油污时,应将其清除,以免影响稀浆封层与原路面的粘结。

4. 摊铺施工时要控制铺筑机匀速前进,确保铺筑厚度均匀。对于摊铺后路面的局部缺陷,应及时进行人工找平,以保证该处表面和机械摊铺的表面一致。

5. 摊铺过程中要保证混合料浆状均匀,不能出现乳液、细集料与粗集料离析的现象,同时派专人检查各组成材料的使用情况,当任何一种材料接近用完时,立即关闭各材料的输出,待摊铺槽中的混合料全部摊出到路面上后,摊铺车停止前进。

6. 对于微表处施工过程中的纵、横向接缝需采用适当方法进行处理,以保证接缝处质量及没管。

7. 摊铺后的局部缺陷应及时使用橡胶耙等工具进行人工找平,特别应该注意个别超大粒径矿料产生的纵向刮痕等。

10.4 沥青再生

沥青再生处置适用于结构强度足够高、表面状况尚好的路面,允许的路面损坏类型和程度包括轻微不规则裂缝、麻面和轻微松散。施工应在温暖干燥的天气下进行,一般要求气温高于10℃,下雨天气严禁施工。再生剂的使用量应根据沥青再生剂的类型和路面的老化程度确定。沥青再生处置的施工工艺是采用专用机械按照设计用量在路面上均匀地喷洒沥青再生剂。待路面干涸后即可开放交通。为了保证行车安全,开放交通初期应限制车速至40km/h以内。

1. 可采用ERA-C型、HW型、金熊油等沥青再生剂进行沥青再生。

2. 沥青再生使用的沥青再生(还原)剂是一种具有很强渗透性的黑色油状液体材料,活性高、能渗透沥青表层并能激活沥青分子结构的结合剂。涂刷后,它可使表层约5mm厚的沥青面层的硬化程度和脆性显著降低,从而可增强路面的柔韧性和弹性。沥青再生剂不适用于裂缝宽度>5mm的路面。

3. 沥青再生施工工艺是采用专用机械设计用量在路面上均匀地喷洒沥青再生剂。待路面干燥后即可开放交通。为了保证行车安全,开放交通初期应限制车速在40km/h以内。

10.5 稀浆封层

稀浆封层适用中、小交通量，AADT≤5000，结构强度足够高，表面状况良好的路面，允许的路面损坏类型和程度包括轻微不规则裂缝、轻微龟裂、轻微车辙、麻面、轻微松散、泛油和磨光。稀浆封层的施工应在温暖且日温差较小的天气下进行，一般要求气温高于10℃，而且在24h内没有冰冻现象；不得在雨天、可能有雨或炎热的天气进行。

稀浆封层所用材料应符合《微表处和稀浆封层技术指南》JTG/T F40-02、《路面稀浆封层施工规程》CJJ/T 66的有关规定。施工应按《城镇道路工程施工与质量验收规范》CJJ 1—2008和《微表处和稀浆封层技术指南》JTG/T F40-02的有关规定进行。

10.6 旧沥青路面玻璃纤维格栅罩面

旧沥青路面玻璃纤维格栅罩面适用于结构强度足够高、无唧泥、无过大的变形的路面，允许的路面损坏类型和程度包括各种轻微裂缝、反射裂缝、不规则裂缝。旧沥青路面玻璃纤维格栅罩面在铺设格栅前，必须对旧沥青路面上所有的坑槽、裂缝等病害预先处理，保证路表面光滑、平整、清洁。

旧沥青路面玻璃纤维格栅罩面所用材料、玻璃纤维格栅应满足《公路土工合成材料应用技术规范》有关规定要求，网孔尺寸宜为其上铺筑的沥青面层材料最大粒径的0.5～1倍，罩面层最小厚度一般为 3~4cm。沥青混合料应符合 CJJ 1—2008 的有关规定。

旧沥青路面玻璃纤维格栅罩面，在铺设格栅时，应先将一端用固定器固定，固定器可用固定钉或固定铁皮。格栅固定后，应选用合适的方法将格栅预先拉紧，张拉伸长率为 1%~1.5%，横向搭接宽度为 8~10cm，纵向搭接宽度为 5~8cm，可采用铅线绑扎固定，固定间距不应超过 1.5cm。格栅铺设完后，应喷洒热沥青作为黏层油，喷洒量以保证格栅与旧路面的连接良好为准，一般为 0.4~0.6kg/m^2。

沥青混合料的摊铺与碾压应符合《城镇道路工程施工与质量验收规范》CJJ 1—2008 的有关规定，且应注意施工车辆不得在格栅上转弯。在摊铺时如出现沥青混合料摊铺机机轮打滑现象，则应在黏层油表面撒一部分石屑，石屑用量为 3~5m^3/1000m^2。

10.7　表面服务功能减低

目前，公路上的汽车驾乘人员对道路交通安全和舒适性的期望越来越高。作为表面服务功能良好的路面，必须要有很好的抗滑性能，在潮湿状态下行车没有水雾，没有眩光，噪声要小。许多沥青路面由于泛油、石料磨光，会引起表面服务功能降低，尤其是抗滑性能不足，恶性交通事故时有发生。

需要指出的是，这些破坏现象往往是在远未达到沥青路面设计年限以前发生的，并不是经反复荷载作用而产生的疲劳破坏，我国现行的沥青路面设计理论是建立在层状弹性体系理论基础之上，采用的是耐久性设计方法，主要依据车辆荷载的反复作用而发生结构层材料疲劳破坏这种原理确定路面的设计使用年限。而沥青路面的早期损坏，使路面设计失去了真正的意义。沥青路面预防性养护技术实用性见表10-3。

表10-3 沥青路面预防性养护技术实用性

序号	技术种类		适用条件	预处理	使用年限（年）
裂缝填封	热灌式填缝料		原路面基层和横断面良好，柔性基层沥青路面建成后2～4年，复合路面（下卧层为水泥混凝土层），表面病害可能包括直的纵、横向原始裂缝，伴随裂缝处的轻微扩展裂缝和松散，状态良好的补丁或没有修补的裂缝	无	1～2
	有机硅树脂				
	冷灌式填缝料				
表面封层	雾封层		原路面基层和横断面良好，轻度纵、横向裂缝，轻度松散	填缝	2～3
	还原剂封层		原路面在使用过程中，由于光照、温度、行车荷载等作用造成的沥青路面老化明显，路面出现大范围的轻微网裂、局部松散现象的路面	对较宽的裂缝、车辙、沉陷、坑洞等路段进行修补	2～3
	石屑封层		原路面基层和横断面良好，表面可见病害为轻微松散，中度纵、横向裂缝伴随处轻度松散，轻到中度磨光，少量状态良好的修补	无论单层、双层封层，需对裂缝先进行填缝处理	2～3
	稀浆封层		原路面基层良好，横断面均匀，表面病害包括轻到中度车辙、表面不规则，轻到中度的松散	包括填缝、唧泥处置、大的坑槽部位的修补等	2～4
	微表处		原路面基层良好，横断面均匀，表面病害包括中度纵、横向裂缝，车辙、少量表面不规则、抗滑能力低、轻到中度的松散	包括填缝、唧泥处置、大的坑槽部位的修补等	2～4

续表

序号	技术种类	适用条件	预处理	使用年限（年）
薄层罩面	热薄层罩面	原路面断面整齐，基层尚好仅有少量轻微病害，表面病害包括中度松散，中度纵、横向裂缝，中度疲劳开裂或中度块裂	包括清理和填缝，修补轻度基层病害，填补路面表面空洞，清除粘结差或泛油的修补位置	3~5
	冷薄层罩面			
	温拌薄层罩面			

具有良好服务性的沥青路面是行车安全与舒适的保证。及时对沥青路面出现的病害进行养护维修，不仅可以延长沥青路面的使用寿命，还能够保证车辆行驶的畅通，减少对经济及社会的不良影响。

预防纵向裂缝产生的主要措施有做好地基的处理；路基填筑达到要求压实度，并尽可能保证均匀；做好路基防水、排水。为预防网裂和龟裂要保证合理的路面结构设计，加强货车的载重管理，在路面出现裂缝时要及时修补处理。对于裂缝类病害的修补方法主要有以下几种：

(1) 沥青混合料罩面法　根据交通量的大小，选取细粒式或中粒式沥青混合拌和料，进行封层。厚度一般控制在1.5~4.0cm之间。在乳化沥青稀浆封层和罩面法中引入土工布或土工格栅作为应力吸收层，对抑制裂缝发展可以起到良好的效果。

(2) 乳化沥青稀浆封层法　当气温在零上5度时，可以将级配集料（50％石屑、30％粗砂、20％细砂）与乳化沥青混合成稀浆，用专门设备进行封层。稀浆油石比最好控制在8％~12％之间。由于气候原因破乳慢时，可加入2％水泥缩短破乳时间或直接采用慢裂快凝性沥青乳化。此法适应于大面积裂缝处置。用稀浆也可直接灌缝处理单缝。

(3) 灌油修补法　在秋末深冬季节多产生裂缝类病害，可用此法。处置时，将纵缝裂缝处清扫干净，用液化气或喷灯将裂缝壁加热至黏性状态，然后用油壶或专门灌缝设备直接向裂缝内灌入加热的沥青，最后在接口表面撒布热砂或石屑进行养护。对于较宽的裂缝，可用铣刀扩展，再按上述程序处理。

(4) 灌缝胶处理。

11 城市道路挖掘修复技术

城市公用工程建设中越来越多地方涉及到地下管线的增设或调整。其方式目前主要有两种：开挖道路明埋和非开挖地下钻孔。当然，非开挖技术可以从根本上减小对既有道路的破坏及其对沿线交通的影响，但由于非开挖技术的设备投入高，大口径管线埋设难度大、速度慢，故即使在发达国家，其应用比例仍相对较低。因此，在以后相当长的时间内，道路开挖明埋仍是城市道路地下管线工程的主要施工方式。但是，当前多数道路挖掘的修复效果差强人意，直接影响车辆与行人的安全。因此，有必要针对日益突出的道路挖掘修复问题，归纳其损坏形式，揭示其病害成因机理，为进一步改善掘路修复技术、提高掘路施工质量提供理论依据。

11.1 道路挖掘对城市发展的影响

道路挖掘对城市和环境造成的不良影响主要表现在以下几方面。

1. 影响市容。在城市建设的现代化进程中，道路服务品质维护显得尤为重要，但道路挖掘在整体上给人一种不舒服和不整齐的感觉，破坏了良好的市容形象。

2. 造成交通拥挤堵塞。道路挖掘施工将占用道路通行空间，因此经常造成施工路段的交通堵塞，尤其在高峰时段，不仅延误了出行者的时间，而且降低了车辆和行人的安全性。

3. 污染空气。道路挖掘一般将挖出的弃土堆置于两侧，日晒后造成尘土飞扬，污染空气。

4. 噪声污染。道面挖掘机器产生的巨大噪声严重影响了市民的休息质量。

5. 造成路面积水。因回填作业不当，或者开挖与非开挖区域的结合部处理不当，形成面凹陷和坑洞，致使路面局部积水、引发路面损坏。

11.2 路面修复后的主要病害

实地调研表明，修复区域道路在车辆荷载作用下主要出现以下几种类型的路面损坏。

1. 沉降。沿着行车轨迹，修复区域道路出现明显的路表沉降。

2. 平行开裂。开挖与非开挖区域结合位置出现两条相平行的裂缝。

3. 龟裂。修复区域道路出现较大面积的龟裂损坏，其中横向开挖尤为突出。

4. 路面坑洞或突起。修复区域道路的结合部边缘出现坑洞损坏，而部分修复区域道路则出现路面突起现象。

11.3 挖路病害的成因机理分析

开挖之前道路以连续的整体结构抵抗外荷载作用。而开挖之后的道路，开挖与非开挖区域之间必然存在两个接触面，形成一个非连续体，当荷载作用在开挖位置时，就不能简单地将道路视为一个连续整体，而应是具有一定宽度的条形体，并存在接触界面问题。

对于道路挖掘的沟槽结构修复，没有给出一个特定的设计方法，基本遵循原结构修复原则，即认为挖掘区域道路仍采用开挖前的道路路面结构，仅对高等级道路适当加强基层强度。因此，在开挖前后同样的路面结构与荷载条件下，外荷载在开挖位置引起的附加应力要比开挖前大得多。尤其当横向开挖区域同时受到几组轮载作用时，更易造成路面破坏。

现有沟槽路基多采用挖出的原状土及路面弃料进行回填。这些材料往往未经晒干和疏松处理就加以利用，因而回填时常常夹杂有大的块体，不利于回填料的相互挤密，达不到整体密实的效果，容易留下空隙。此外，挖掘区域压实过程中，因受沟槽宽度的限制，普通道路压实机械难以发挥效应，故多数沟槽夯实采用平板夯和振动夯，此类机械在压实中易留下死角，若回填时分层厚度超出规定，则易使回填土路基达不到应有的压实度，从而导致沟槽修复后在自重和行车荷载作用下，回填土路基继续趋于密实而发生塑性变形，随着塑性变形的累计使得路面出现沉降破坏。

开挖后的道路必然存在两个接触面，修复区域因为回填土路基逐渐趋于密实导致路面沉降，而非开挖区域路面在多年使用中已完成沉降，因而造成开挖与非开挖区域之间的差异沉降，而在两个接触面间形成剪切滑动面，在行车荷载作用下，路面内部出现附加剪应力，当其大于路面的抗剪强度时便出现开裂，所以修复区域路面出现平行裂缝是掘路工程特有的损坏模式。

修复区域由于沉降变形易在路表形成凹洼面而积水或因开

挖与非开挖区域接缝未处理好而有雨水侵入，致使沥青路面长期浸水，在车辆荷载作用下出现坑洞。有时管线埋置人员考虑到沟槽路基回填不易压实，为避免路面下陷而在回铺沥青混凝土时预留下陷高度。但是，如果回填时路基压实较好，则预留部分无法下降，造成路面突起，不利于车辆行驶。

11.4 沥青混合料的拌制及运输

沥青混合料在沥青拌和厂采用拌和机械拌制。拌和厂的设置必须符合国家有关规定。在施工前，要求设计单位对拌和厂进行实地考察，并考虑运距对沥青到场温度的影响以及交通堵塞的可能，确保混合料的温度下降不超过要求，且不致因颠簸造成混合料离析。

各种集料分隔储存，细集料设防雨顶棚，料场及场内道路做硬化处理，防止泥土污染集料。经设计单位要求本工程采用间歇式拌和机拌和。保证连续式拌和机使用的集料稳定不变。间歇式拌和机满足下列要求：

① 拌和机除尘设备完好，能达到环保要求，总拌和能力满足施工进度要求。

② 冷料仓的数量满足配合比需要，通常不少于5～6个，具有添加纤维、消石灰等外掺剂的设备。

11.5 沥青面层的摊铺及压实

热拌沥青混合料宜采用较大吨位的运料车运输，但不得在已经铺筑完成的聚酯玻纤布上急刹车、急弯调头,防止聚酯玻纤布受到损伤,人为的降低原材料要求。施工过程中摊铺机前方应有运料车等候,待等候的运料车多于 5 辆后开始摊铺。采用 2～3 台摊铺机前后错开 10～20m 成梯队方式同步摊铺,两幅之间有 30～60mm 宽度的搭接,并多开车道轮迹印,上下层的搭接位置错开 200mm 以上。摊铺机开工前提前 0.5～1h 预热熨平板,温度控制在不低于 100℃。铺筑过程中熨平板的振捣或夯锤压实装置具有适宜的振动频率和振幅,以提高路面的初始压实度。

摊铺机必须缓慢、均匀、连续不间断地摊铺,不得随意变换速度或中途停顿,以提高平整度,减少混合料的离析。摊铺速度宜控制在 2～6m/min 的范围内。压实成型的沥青路面符合压实度及平整度的要求。不宜用人工反复修整。当不得不由人工作来局部找补或更换混合料时,需仔细进行,特别严重的缺陷应整层铲出。在路面狭窄部分、加宽部分以及小规模工程不能采用摊铺机铺筑时可用人工摊铺混合料。沥青路面施工应配备足够数量的压路机,选择合理的压路机组合方式及初压、复压、终压(包括成型)的碾压步骤,以达到最佳碾压效果。压路机应以慢而均匀的速度碾压,压路机的碾压速度应符合表 11-1 的规定。压路机的碾压路线及碾压方向不应突然改变而导致混合料推移。碾压区的长度应大体稳定,两端的折返位置应随摊铺机前进而前进,横向不得在相同的断面上。

表 11-1 压路机碾压速度

压路机类型	初压		复压		终压	
	适宜	最大	适宜	最大	适宜	最大
钢筒式压路机	2～3	4	3～5	6	3～6	6
轮胎压路机	2～3	4	3～5	6	4～6	8

续表

压路机类型	初压		复压		终压	
	适宜	最大	适宜	最大	适宜	最大
振动压路机	2～3（静压或振动）	3（静压或振动）	3～4.5（振动）	5（振动）	3～6（静压）	6（静压）

沥青混合料的初压应符合下列要求：

① 初压应紧跟在摊铺机后碾压，并保持较短的初压区长度，以尽快使表面压实，减少热量散失。对摊铺后初始压实度较大，经实践证明，采用振动压路机或轮胎压路机直接碾压无严重推移而有良好效果时，可免去初压直接进入复压工序。

② 通常宜采用钢轮压路机静压 1～2 遍。将压路机的驱动轮面向摊铺机，从外侧向中心碾压，在超高路段则由低向高碾压，在坡道上应将驱动轮从低处向高处碾压。

③ 初压后应检查平整度、路拱，有严重缺陷时进行修整乃至返工。

复压应紧跟在初压后进行，并应符合下列要求：

① 复压应紧跟在初压后开始，且不得随意停顿。压路机碾压段的总长度应尽量缩短，通常不超过 60～80m。采用不同型号的压路机组合碾压时宜安排每一台压路机作全幅碾压。防止不同部位的压实度不均匀。

② 密级配沥青混凝土的复压宜优先采用重型轮胎压路机进行搓揉碾压，以增加泌水性，其总质量不宜小于 25t，吨位不足时宜附加重物，使每一个轮胎的压路不小于 15kN，冷态时的轮胎充气压力不小于 0.55MPa，轮胎发热后不小于 0.6MPa，且各个轮胎的气压大体相同，相邻碾压带应重叠 1/3～1/2 碾压轮宽度，碾压至要求的压实度为止。

严格控制混合料的摊铺温度，并全程安排施工人员轮流跟踪监测。发现温度低于设计温度的混合料（表 11-2），一律退回重新回炉。

表 11-2 沥青混合料的最低摊铺温度

下卧层的表面温度（℃）	相应于下列不同摊铺层厚度的最低摊铺温度（℃）		
	沥青混合料		
	<50mm	50~80mm	>80mm
<5	不允许	不允许	140
5~10	不允许	140	135
10~15	145	138	132
15~20	140	135	130
20~25	138	132	128
25~30	132	130	126
>30	130	125	124

12 城市道路沥青路面补强

12.1 一般规定

1. 城市道路沥青路面补强应对原有沥青路面作全面的技术调查，调查内容应包括旧路破损及病害的程度、旧路的设计、施工养护技术资料、年平均双向日交通量、交通增长率、旧路回弹变沉值等。

2. 沥青路面补强应进行专项设计，线型符合《城市道路设计规范》CJJ 37 的要求，并与两边构筑物及道路排水协调，提出路面补强设计的使用年限。补强结构层与原路面结构联结牢固。

3. 路面破损严重时，采用路面补强等养护维修方法不能使路面恢复良好的工作状态，为保证必要的服务功能应进行路面翻修。

4. 对需要翻修的路面进行调查，并应进行路面翻修专项设计，并按《城镇道路工程施工与质量验收规范》CJJ 1—2008 相关要求施工。

5. 沥青路面常规维修、补强和翻修工程中，宜采用比原路面更高材质的沥青，可引入新型的沥青，如透水沥青、新型橡胶沥青、新型 SBS 沥青等，技术指标应满足 CJJ 1—2008

要求。

6. 粗集料应采用石质坚硬、清洁、不含风化颗粒、近似立方体颗粒的碎石，粒径大于 4.75mm，宜采用玄武岩或优质石灰岩集料，技术指标应满足 CJJ 1—2008 的要求。

7. 细集料应采用坚硬、洁净、干燥、无风化、无杂质并有适当级配的人工轧制的玄武岩，不能采用山场的下脚料。机制砂宜采用专用的制砂机制造，并选用优质石料生产，其级配应符合要求。石屑是菜市场破碎石料时通过 4.75mm 或 2.36mm 的筛下部分，技术指标应满足 CJJ 1—2008 的要求。

8. 填料宜采用石灰岩碱性石料经磨细得到的矿粉，矿粉必须干燥、清洁、拌和机回收的粉料不得用于拌制沥青混合料，以确保沥青上面层的质量，技术指标应满足 CJJ 1—2008 的要求。

9. 沥青混合料一般应采用沥青混凝土，也宜结合沥青混合料的新技术采用改性沥青玛蹄脂碎石混合料（SMA）、Superpave 沥青混合料等。

12.2 路面补强

1. 快速路或主干路的补强可采用半刚性基层加沥青混合料面层结构；次干路或支路若不提高道路等级，可用单层或多层补强结构，若需要提高道路等级，宜采用半刚性基层加沥青混合料面层结构；面层选用 SMA 改性沥青混凝土时，其厚度不宜小于 40mm。

2. 路面补强层施工时必须处理原有路面的病害损坏部位，当采用单层补强时，旧路应作铣刨拉毛处理，并喷洒乳化沥青黏层油，待破乳后方可摊铺。

3. 检查井、雨水口、缘石应采取防护措施，不得被乳化沥青污染。沥青贯入式路面的整平、高程调整，不得扰动碎石结构层。

12.3 面层翻修

1. 根据调查分析和设计要求，采用铣刨机进行铣刨作业。若翻修面积较小，可采用人工或小型机械翻挖，旧料宜再生利用。
2. 清扫碎屑、灰尘，浇洒 $0.3\sim0.6kg/m^2$ 黏层沥青，侧壁涂刷 $0.3kg/m^2$ 黏层沥青。
3. 按设计要求铺筑沥青混合料，碾压密实，烫边密封。
4. 做好初期养护，开放交通。

12.4 基层翻修

1. 将沥青铣刨后翻挖基层，面层的翻挖范围应超出基层翻修范围 30cm 左右。
2. 整平路基表面并经碾压后，按设计要求进行基层铺筑，每层压实厚度不大于 20cm。
3. 在基层稳定并达到要求强度后，浇洒 $0.7\sim1.1kg/m^2$ 透层沥青，再按《城镇道路工程施工与质量验收规范》CJJ 1—2008 进行混合料铺筑。
4. 做好初期养护，开放交通。

13 就地热再生

13.1 基本要求

1. 就地热再生适用于仅存在浅层轻微病害的城市沥青路面表面层的就地再生利用，属预防性养护技术，原沥青路面沥青的25℃针入度不低于20（0.1mm）。

2. 原路面上有稀浆封层、微表处、超薄罩面、碎石封层的，不宜直接进行就地热再生，应将其铣刨掉，再做出针对性设计。改性沥青路面的就地热再生，宜专门论证。

3. 就地热再生一般针对旧路面表层2～5cm厚的沥青混合料进行再生，就地热再生沥青混凝土路面需满足一定的技术条件和施工现场条件。

4. 就地热再生沥青混凝土路面技术条件：旧沥青混凝土路面的平均厚度大于5cm；沥青混合料向两侧的挤压变形小于5cm、磨耗小于3cm；龟裂率小于40%。

5. 就地热再生沥青混凝土路面场地条件：要发挥就地热再生特长需具有足够的工程规模，要确保现场的施工条件，不适合用于小型维修工程，例如一组施工机械通过实践需60～90min，还要加上养生实践，需要中断施工地点一个车道的交通。

6. 就地热再生工艺适用于小面积（4.5m²以下）的病害修补，对于车辙、大面积的裂纹等病害，可采用连续加热的方法，即连续加热两次。由于采用微波加热后沥青混凝土的保温效果比较好，所以第一块加热区域的加热温度可以稍微高一点（控制在国家养护规范数值内），待第二块区域加热完毕后，两块路面合并在一起翻松进行修补，这样一次最大可以修补8m²。

7. 沥青路面就地热再生设备主要有红外线沥青路面修补设备、微波路面养护设备、热再生修路网等。

8. 变地热再生施工前，应进行现场周边环境调查，对无法修复的路面病害进行预处理。

13.2 就地热再生一般操作规程

1. 就地热再生的工艺流程为清扫——→加热——→铣刨——→拌和——→摊铺——→压实——→开放交通。根据就地热再生工艺，目前通常采用的施工机械组合方式为再生机、加热机、压路机、再生剂生产设备及辅助设备，可参照《公路沥青路面再生技术规范》JTG F41。

2. 清扫路面，画导向线 清扫路面，在路面再生宽度处画导向线。

3. 路面加热 原路面须充分加热，不得因加热温度不足造成铣刨时集料破损，影响再生质量，也不得因加热温度过高造成沥青老化。原路面加热宽度每内里应至少宽出200mm。

4. 路面铣刨 路面铣刨宜均匀，铣刨面温度应高于70℃。

5. 再生剂喷洒 再生剂按设计剂量加热、喷洒入旧沥青混合料中。

6. 拌和　应保证再生沥青混合料拌和均匀。

7. 摊铺　以 1.5～5m/min 匀速进行，摊铺温度控制在 120～150℃。

8. 压实　变地热再生混合料的碾压应配套使用压实机具，对压路机无法压实部位，应选择用小型振动压路机或振动夯板配合碾压。

9. 开放交通　就地热再生完成后，再生层表面温度低于 50℃后方可开放交通。

13.3　红外线沥青路面就地热再生一般操作规程

清理病害──→加热路面──→路面翻松──→添加活性剂──→加入新的沥青混合料──→拌和──→摊铺──→压实。

13.4　微波沥青路面就地热再生一般操作规程

1. 路面加热──→添加活性剂──→加入新的沥青混合料──→压实──→撒砂──→开放交通。

2. 路面加热。使用微波加热设备加热路面，由于微波的特性，最大加热深度可以达到 15～18cm，加热效果最好是 8～12cm。

3. 添加活性剂。微波路面养护设备上面带有乳化沥青喷洒装置，用气压原理把乳化沥青喷洒在翻松的沥青混凝土上。

4. 加入新的沥青混合料。利用微波路面养护设备上带有的沥青混合料加热装置做好混合料块的加热。

5. 压实。微波路面养护设备上都带有压路机。

13.5 修路网沥青路面就地热再生一般操作规程

13.5.1 修路网沥青路面就地热再生工艺流程

修路网沥青路面就地热再生工艺流程是：放样及加热——耙松及喷洒乳化沥青——补充新沥青混合料及整平——压路机压实——计量及清理现场——新开放道路交通。

13.5.2 放样及加热

将需要处理的病害用粉笔或其他材料进行标示，划分加热区域。把修路网调整到对道路病害部位能够加热的适当位置，根据不同的沥青材料、季节温度，选择不同的间歇式加热方式，一般情况下，主定时器为 8min，间歇时间为 16s，加热时间为 24s。打开控制面板开关及方向指示灯开关，安全指示灯、电源灯，然后检查燃气机是否正常，点燃气化柜、发动燃气机，工作面板的绿色指示灯亮，取下加热墙安全链条，打开需要烘烤的区域开关，点燃常明火，放下加热墙，将加热墙调整对准用粉笔标示的烘烤区域进行加热，使旧路面材料能在短时间内达到正常工作温度，关闭烘烤区域的开关、气化气阀，将车开出该路病害前方 3~4m，后关闭燃气机。

13.5.3 耙松及喷洒乳化沥青

用疏松耙将加热墙烘烤过的路面进行耙松，耙松时必须按粉笔标示加热区域耙成正方形或长方形。打开乳化沥青阀，将乳化沥青均匀地喷洒在耙松后的旧料上，喷洒量不宜过多，不允许将乳化沥青打到好的路面上，每天处理完最后一个路病害必须用清洗剂将乳化沥青管道清洗干净,以免管道被乳化沥青堵塞。

13.5.4 补充新沥青混合料及整平

对于较深的坑槽,要分层填筑,每 5cm 压实一次。修补到上面层时,添加新混合料要用细料先从四边洒起,后洒中间,添加料要适宜。混合料添加完毕,要及时整平,用推耙从四边推起,将添加料推平,使其外观效果达到表面混合料均匀、平整,松铺高度按 1.3 压实系数凸出原路面适量高度,然后用扫把将处理路病害四周打扫干净,待压路机压实。

13.5.5 压路机压实

用随车携带的手扶振动压路机从四边向中间碾压,在静压时压路机前后小轮不得着地,以免将整平好的沥青料挤成小堆。静压几遍后进行振动压实,有坡度的路面应先下后上压实,路面处理深度大于 5cm 时,应分层压实,以确保修补路面的压实效果,压路机碾压的遍数应以修补路面与原路面衔接平顺为止。

13.5.6 计量及清理现场

当路面修补完后,对路面修补面积进行计量并及时将施工现场清理干净。

13.5.7 新开放道路交通

压路机完成碾压后,沥青路面温度降到 50℃ 以下可开放交通。如果修补部位处在道路标线处,则要在撤离标志前及时恢复原路面标线。

13.6 沥青路面就地热再生施工方法

13.6.1 适用范围

沥青路面就地热再生技术对道路与桥梁均适用,特别是对桥梁结构不会造成物理及化学等方面的不利影响,具有相对广泛的养护作业特点;沥青路面就地热再生技术是一种预防性养护方式,它能对路面表层3~5cm厚的沥青混合料进行再生,但就地热再生的沥青路面修复须满足一定的条件。

13.6.2 适用修复类型

1. 变形类,如车辙、局部沉陷、桥头跳车等;
2. 裂缝类,如纵向裂缝、横向裂缝等;
3. 松散类,如面层坑塘、松散、麻面等;

沥青路面就地执再生适合条件具体情况见表13-1。

表13-1 适合条件具体情况

项目		适用条件	备注
原路面的平均厚度(cm)		>5	确保翻松时不接触非沥青混合料
车辙	挤压变形程度(cm)	<8	车辙深度超过8cm后需要预处理
	磨耗(cm)	<4	面层料质量满足使用要求后,可以再生,否则必须选择一种合适的方式,预处理或者加铺
网裂程度(%)		<40	如果仅仅是表层网裂,不受限制;当局部破损到下一层次或更深时,必须提前
原路面沥青的老化标号(0.1mm)		>30	加铺时,原路面沥青针入度要求下限可以放宽至20

13.6.3　适用时间

可以一年四季全天候施工，受气候的影响较小。避免了添加沥青因气温过低造成冷料带来的资源浪费。

13.6.4　施工工艺流程及操作要点

1. 工艺流程（图 13-1）

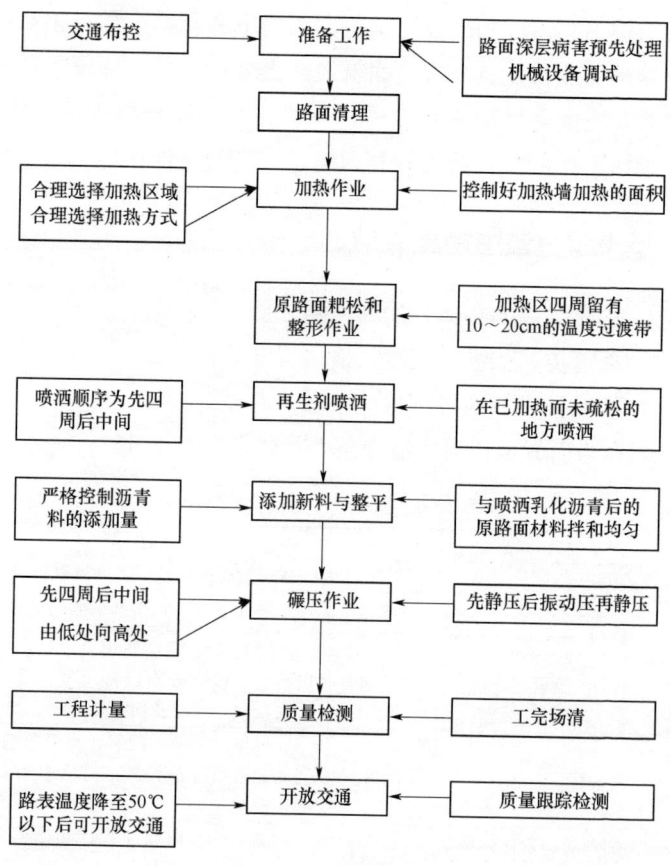

图 13-1　工艺流程

2. 操作要点

（1）调查摸底、编制计划　首先对道路、桥梁设施中沥青混凝土结构面层的各类病害进行全面普查与分类，对于非结构原因形成的车辙、局部沉陷、桥头跳车、裂缝、坑槽、松散、麻面等病害与大面积沥青面层重铺或铣刨填料任务编制计划。

（2）常规修复步骤

① 准备工作　对沥青病害路面进行热再生修补作业前做好交通布控、路面深层病害的预先处理和机械设备的调试工作等。

因PM220沥青路面热再生养护车占地面积小，通常小面积坑洞及纵向裂缝采用单车道封闭，不影响其他车道的正常交通运行（图13-2）。

图13-2　PM220沥青路面热再生养护车

② 路面清理　为保证修补质量，必须首先对病害处路面进行清理，清除杂物及灰尘。

③ 加热作业　准备工作就绪后，根据路面病害的位置，以"圆洞方补、斜洞正补"为原则，施工技术人员控制好加热墙加热的面积，为保证修补质量，加热区从病害处向四周扩大10～20cm，并根据病害大小，合理选择加热区域，合理设置加热温度、加热时间和间歇时间，对路面进行间歇式加热。基本首次加热在30s左右，间歇12s后，紧接加热14s，再间歇

12s 左右，以此循环，持续 10min 左右，直到路面达到施工要求。

对于病害深度过大的区域，则要分层加热分层修补。若病害面积大于加热墙面积，则可根据面积大小实行连续加热、连续修补的工艺施工。在加热过程中应严格控制加热工艺，加热车辆按照设定的施工速度 1m/min 匀速行进，保证加热的温度、深度符合施工控制要求。

其中，对于裂缝类病害采用可展开式加热板，可以在一个车道宽度范围内对裂缝两侧一定宽度范围内的沥青面层进行加热。如图 13-3 所示。

图 13-3 采用展开式加热板加热

④ 原路面耙松和整形作业　加热结束后，小的病害可以进行人工耙松，大面积的利用疏松耙，为确保接缝接合紧密，消除弱接缝，加热区四周留有 10～20cm 的温度过渡带，无需疏松。如图 13-4 所示。

图 13-4 耙松和整形作业

⑤ 再生剂喷洒 视路面老化情况,确定喷洒乳化沥青用量,对所修补的区域均匀喷洒,喷洒顺序为先四周后中间,进行四周喷洒的时候一定要将已加热而未疏松的地方喷洒到,达到 $0.6L/m^2$ 左右。如图 13-5 所示。

图 13-5 再生剂喷洒

⑥ 添加新料与整平　从 PM220 的自动加热恒温沥青混合料仓中输出已经加热的新沥青混合料，严格控制沥青料的添加量，并与喷洒乳化沥青后的原路面材料拌和均匀。

对大面积修补，需要通过水准仪控制填料标高，确保修补处沥青料的碾压温度、压实度和平整度。如图 13-6 所示。

图 13-6　添加新料与整平

⑦ 碾压作业　摊铺工艺和一般新建路面的上面层摊铺工艺基本相同，遵循"先四周后中间，由低处向高处，先静压后振动压再静压"的原则，加铺层混合料摊铺后和下面的再生层两层结构共同碾压，碾压时按照试验确定的碾压工艺进行，并做好接缝处的碾压施工。如图 13-7 所示。

图 13-7　碾压作业

⑧ 施工结束　碾压工序结束后，待路表温度降至 50℃ 以下后可开放交通。施工中做到"工完场清"，路面上不遗留任何杂物与隐患。如图 13-8 所示。

图 13-8 施工结束

(3) 冷料现场加热施工步骤

① 将冷料块均匀铺放在待修补的路面病害区域，不可过厚，以免影响加热效果。

② 根据病害大小及冷料的铺放面积选择合适的加热墙区域进行加热。

③ 加热结束后，利用疏松耙疏松，随后喷洒乳化沥青，使原路面再生。

④ 将加热达到工作温度的新沥青混合料适量添加到修补区域。

⑤ 整平病害区域，控制好平整度。

⑥ 使用压路机进行路面压实作业。

13.6.5 病害处理工艺

1. 沉陷、车辙等变形类病害处理

采用沥青路面热再生修补车对发生车辙或沉陷的路段进行

加热，将上面层路面结构耙松，重新根据标高要求整平后碾压，修复病害。

2. 裂缝类病害处理

修补车配备的可展开式加热板，可以在一个车道宽度范围内对裂缝两侧一定宽度范围内的沥青面层进行加热，然后将上面层和中面层上部 1cm 范围内路面结构耙松，整平后碾压，完成修复。

3. 坑槽、松散、麻面等松散类病害处理

采用沥青路面热再生修补车对发生病害的区域和病害周围一定范围的路面进行加热、耙松、视需要再添加新的混合料、整平、碾压即可完成修复工作，由于对病害周围区域也进行了加热，这样就保证了修补区域和周围区域的热粘结，极大地提高了修补质量。

4. 大面积沥青面层重铺或铣刨后填补

对一定范围的路面进行加热，耙松，根据标高要求增加一部分新的沥青混合料，整平后碾压，即可恢复原路面的平顺。

13.7 就地热再生施工质量管理和验收

1. 沥青路面就地热再生施工过程中再生混合料的质量控制、材料验收检查可参照《城镇道路工程施工与质量验收规范》CJJ 1—2008。

2. 沥青路面就地热再生施工质量控制和检查应满足表 13-2 和表 13-3 的要求。

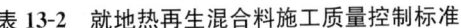

表 13-2 就地热再生混合料施工质量控制标准

检查项目	检查频度	质量要求或允许偏差	试验方法
再生剂用量	随时	适时调整，总量控制	每天计算
压实度均值	每天 1~2 次	最大理论密度的 94%	T0924，JTG F40—2004 附录 E
再生混合料摊铺温度	随时	>120℃	温度计测量

表 13-3 就地热再生现场质量检查项目

检查项目	检查频度	质量要求或允许偏差	试验方法
宽度（mm）	每 100m 1 次	大于设计宽度	T 0911
再生厚度（mm）	随时	±5	T 0912
加铺厚度（mm）	随时	±3	T 0912
平整度最大间隙（mm）	随时	<3	T 0931
横接缝高差（mm）	随时	<3，必须压实	三米直尺间隙
纵接缝高差（mm）	随时	<3，必须压实	三米直尺间隙
外观	随时	表面平整密实，无明显轮迹、裂痕、推挤、油包、离析等缺陷	目测

3. 就地热再生工程的检查和验收应满足表 13-4 的要求。

表 13-4 就地热再生工程检查验收项目

检查项目	检查频度	质量要求或允许偏差		试验方法
宽度（mm）	每 1km20 个断面	大于设计宽度		T 0911
再生厚度（mm）	每 1km5 点	−5		T 0912
加铺厚度（mm）	每 1km5 点	±3		T 0912
平整度 IRI（mm）	全线连续	快速路、主干路	T 0931	T 0933
		其他路	<4.0	
外观	随时	表面平整密实，无明显轮迹、裂痕、推挤、油包、离析等缺陷		目测
压实度代表值	每 1km5 点	最大理论密度的 94%		T 0924

14 沥青路面冷补沥青混合料

沥青路面在长期的使用过程中容易产生松散、坑槽、剥落等病害,为防止更大范围更深层次的破坏,必须对路面进行及时修补。

传统路面坑槽的修补大多采用热拌沥青混合料。一般热拌沥青混合料在生产中需要大型的沥青混合料拌合设备,而且生产过程中,对于矿料和沥青等要求加热到较高温度,其耗能较高,同时对环境污染较为严重;另外,施工时也需要专业大型摊铺和压实机械设备,施工工序也有严格要求,施工成本较高;再者,热拌沥青混合料的应用还受到天气气候条件的限制,低温、雨雪等气候条件下无法正常施工。

冷补沥青混合料通常事先将沥青混合料在常温或中温下预拌好,袋装或堆放储存,当发现路面上出现坑槽时,随时取料运到现场,能在常温或低温下进行路面修补。特殊情况下,也可以预先配制好冷补沥青液,在现场拌合混合料,直接修补路面。

14.1 冷补沥青混合料概述

14.1.1 冷补沥青混合料国外研究现状

国外在 20 世纪 30~40 年代已经开始进行冷补沥青混合料

的研究,最具代表性的是前苏联和美国。冷补沥青混合料既可用于道路基层,又可用于路面修补,其中沥青结合料既可采用乳化沥青,也可采用稀释沥青。

前苏联的研究表明,冷补沥青混合料与热补沥青混合料的根本区别在于,为保证必要的强度、耐水性、耐热性和耐冻性,在冷补沥青混合料中加入适量的液体沥青,要求矿物材料中有必要的矿粉含量,即小于 0.075mm 筛孔的矿料。必须遵循的一个原则是,沥青越稀薄,越应加大矿粉用量。对于用黏稠沥青和液体沥青制备的具有相同初始强度(例如 $R20=35MPa$)的两种沥青混合料,采用黏稠沥青时,矿粉用量占矿料总量的 0%~5%;采用液体沥青时,矿粉用量占 12%,同时,用液体沥青制备的沥青混合料重,矿料的沥青膜比用黏稠沥青制备的沥青混合料中矿料的沥青膜薄得多。所以,要保证路面达到必要的耐热性和耐裂性,需要增加矿粉用量。

英国冷补沥青混合料采用的结合料主要是乳化沥青,如 Heriot-Watt 大学用了 6 年时间对乳化沥青混合料进行了系统研究,结果表明,开式粗级配沥青混合料可以导致乳化沥青混合料完全裂解,但它具有很低的劲度模量和很低的抗疲劳特性,除非采用改性沥青制成的乳化沥青。乳化沥青混合料的力学性能主要由集料结构控制,该混合料需要很高的压实能量。而细的密级配混合料可能不会导致结合料乳化剂的完全裂解,但这种混合料可能具有相对较高的劲度模量。该混合料的力学性质是由构成材料基本结构的沥青胶砂控制,铺筑这种混合料需要用重型的压实荷载。当使用改性沥青作为结合料时,用这种冷补混合料可以获得与一般热补混合料相当的路用性能。

法国的沥青混凝土的配合比设计更具有针对性,是一种以使用功能为目标的试验评价体系,其方法具有目标明确、指标灵活和效果明显的特点，值得业内人士研究和借鉴。

14.1.2　冷补沥青混合料国内研究现状

随着我国经济的高速发展，公路事业也迅速发展，车辆交通量也突飞猛进，车辆大型化，超载现象日趋严重。沥青混凝土路面养护面临的困难越来越多，快速、一年四季全天候的修补已经成为当今时代的需要，冷补沥青混合料就是解决这一问题的重要方法之一。冷补沥青混合料适用于任何天气和环境，在雨、雪天气和潮湿坑槽均可以施工，防水性能好，施工简便，修补时无需黏层油，备料可随用随取，具有极强的抗老化性能和黏结性。修补后的坑槽不易产生脱落、龟裂等不良现象，不需要重复修补就可以保持路面平整。储存时间可以在两年以上，根据实际需要随时取用，剩余材料能继续使用，避免造成浪费。

14.2　冷补沥青混合料的生产

冷补沥青混合料的生产主要以道补添加剂、石油沥青、柴油和集料按一定的比例，用热拌沥青搅拌设备生产，其中道补添加剂、石油沥青、柴油的配比根据不同的气候、不同的道补添加剂，由不同的比例配制而成。

14.2.1　原料要求

集料主要由石灰石、玄武石、花岗石等的砂和碎石组成，应保持洁净、干燥、无风化、无杂质，具有良好的颗粒形状。细长扁平的颗粒含量不大于20%，含水量不大于4%，含泥量不大于2%，磨耗损失不大于30%。集料各种粒径的配合比根据修补坑槽的深度不同而不同，其配合比与热拌沥青混合料的集料配合比基本相同。

14.2.2　液体改性沥青生产

液体沥青、道补添加剂和柴油混合在一起拌合2h左右，然后加热温度至80～120℃，加热采用导热油或水浴方式，严禁使用明火加热。液体改性沥青各种组成原料的比例，不同的道补添加剂，有不同含量的化学成分，要求柴油所占比例不同。根据冷补沥青混合料施工时的环境温度不同，要求生产液体改性沥青时柴油所占的比例不同。液体改性沥青的黏度试验用动力黏度毛细管法测试。生产出来的液体改性沥青可以桶装常温存储一年以上，使用时微加热即可脱桶。

14.2.3　冷补沥青混合料生产

油石比根据集料的级配不同而不同，中粒式的冷补沥青混合料生产油石比在4.2%～4.6%之间，细粒式的冷补沥青混合料生产油石比在4.5%～5.5%之间，根据集料的配合比不同而不同，其他生产原理和工艺与热拌沥青混合料生产完全相同。冷补沥青混合料的拌合生产混合料级配确认后，集料加热至60～80℃，烘干集料中的水分，再与液体改性沥青拌合1～2min即成，冷补沥青混合料的出厂温度在80～90℃之间，不能超过120℃。生产后的袋装冷补沥青混合料储存时间可以在两年以上，根据实际需要随时取用，剩余材料能继续使用，避免造成浪费。

14.3 冷补沥青混合料的施工

14.3.1 适用范围

冷补沥青混合料适用于各种不同类型的道路面层,如沥青混凝土道路、水泥混凝土道路、桥面铺装、停车车道、机场跑道、人行道、公园道路、庭院场地等。施工时应根据不同的坑槽深度选择不同粒径的冷补沥青混合料。

14.3.2 施工注意事项

1. 一般修补应待修补的坑穴及四周的渣石清理干净,坑穴内不得有泥浆、冰块等杂物。坑穴四周边应切割整齐,废渣清理要见到固体面为止。

2. 如果坑穴深度在 5cm 以内,冷补沥青混合料填进高出四周 1.2～1.5cm 左右,铺设均匀,四周呈圆弧形,进行压实,如果坑穴深度大于 5cm,应每 3～5cm 为一层,分层填补,逐层压实。一般压实度要求达 93％以上,高速公路要求压实度达到 95％以上。

3. 修补完后,在其表面均匀地撒一层石粉或细砂,并用清扫工具来回清扫,以使细料填满表面空隙。坑穴表面应光洁、平整、无轮迹。坑穴四周和边角一定要压实,无松散现象。

14.4 与传统方法的比较

冷补沥青混合料全年不受气候影响,冬天和雨雪天气照常施工。冷补沥青混合料施工比传统施工的工序简单、环保,而且施工质量较好,能够全天候的快速养护。具体分析如下。

1. 在施工工艺方面

冷补沥青混合料在冬季施工的工序简单,解决了过去在冬季沥青路面维修时采用路边架设土灶边熬制沥青边人工拌和维修的麻烦,不仅节约了施工的人力和物力,而且还不会给施工现场带来环境污染。

2. 在施工质量方面

冷补沥青混合料在冬季能够快速、全天候的施工,施工质量比过去人工熬制拌和维修的施工质量好,其施工的平整度和强度能够达到热拌沥青混合料的施工效果。

15 道路养护作业安全防护

15.1 一般规定

1. 在进行道路养护维修作业前,应根据道路类型、施工周期及沿线交通等实际情况,结合施工组织设计,制定安全保障方案和总体应急预案。
2. 养护维修作业现场应设置明显安全标志和采取有效的安全防护措施。
3. 养护维修作业人员上岗前必须进行安全教育和技术培训。进入养护作业现场内的人员,必须穿戴具有反光功能的安全标识符和防护帽。
4. 应由专职的安全人员对施工作业安全进行监督,可由经过安全培训的人员进行现场交通疏导。
5. 养护维修作业人员不得随意走出安全保护区,不得将施工机具和材料置于安全保护区外。如需穿越行车道,应在确保安全的情况下通过。
6. 进入养护维修作业现场的作业车辆,应配置警示标志、灯具,车身两侧应注有"道路养护"字样,其规格、颜色、品种、性能应符合国家现行标准《道路作业交通安全标志》GA 182 及《道路交通标志和标线》GB 5768 的规定。

7. 施工机械、车辆、维修用料应整齐堆放于施工围挡区内，扬尘物料还应注意覆盖。

8. 实施路面铣刨工艺，应根据清扫、运输能力分段施工，及时将残料和粉尘清除干净，并在未铺路前洒水降尘。

9. 施工垃圾必须集中堆放在围挡区内，现场无法围挡封闭时应日产日清。施工及清运应符合《大气污染防治条例》的有关规定。四级以上风力时间原则上不得实施扬尘作业，必须施工时应采取洒水降尘等相应措施。施工噪声应符合《建筑施工场所噪声限值》GB 12523—2011 的规定。

10. 沥青作业车辆周围应设隔离区，派专人疏导行人、车辆绕行通过。沥青喷洒作业时，应做好设施遮盖防护工作，不得污染邻街设施。

11. 施工应加强市政公用管线设施保护，发生破坏必须及时向有关主管部门报告。

12. 当遇大雾、大雨、冰雪天气时，应暂停养护作业。在应急抢险、排除道路积水、消除冰雪时，宜封闭或疏导交通。

13. 养护维修作业的安全设施应始终处于完好的工作状态，在未完成养护维修作业之前，任何人不得随意撤出或改变安全设施的位置、扩大或缩小养护维修作业控制区范围，以保证养护维修作业控制区安全控制的有效性。

14. 工程施工应当结合施工进度，局部缩小施工区域，逐步恢复交通，并采取切实可靠的措施，确保车辆、行人的安全。

15. 道路管理单位应加强养护维修安全作业的管理。

16. 发生施工安全事故，应在有序组织人员抢险救援的同时，按规定及时向养护施工主管部门、安全主管部门报告。

17. 养护维修单位应当贯彻"预防在先，措施在前"的方针、坚持长效管理，定期组织进行养护作业安全、应急处置及文明施工与环境保护等工作的检查、抽查，及时发现、纠正各种隐患，把责任落到实处，提高养护人员安全作业、文明服务、文明养护的自觉性和责任性。

18. 养护维修管理应自觉接受媒体、交通管理部门等社会相关方面和市民的监督，定期以不同形式征询社会各界对养护作业的安全防护、应急处置及文明施工与环境保护的意见和建议，热情接待、处理各类来信、来访和建议、投诉，不断改进、完善工作方案和措施，提高养护管理水平。

15.2 养护流动作业要求

1. 道路养护流动作业宜包括道路养护车、道路检测车、清扫车、牵引车、洒水车、冲水车、绿化浇水养护车、吊车、登高车等车辆的行走作业。作业车辆后方必须悬挂醒目性施工标志。

2. 行走作业车辆必须开启双侧转向指示灯、警示灯或箭示导向灯牌。

3. 作业车辆应限速行驶，不得任意调头、倒车和逆向行驶。

4. 随车作业人员必须在车辆前方区域内作业，如需停留作业时，应在车辆后方设置锥形交通标。

15.3 养护维修安全设施

1. 养护维修作业控制区的布置的安全防范措施必须符合

《城市道路养护技术规范》CJJ 36—2016 的要求，各类养护维修车辆必须配备带有导向箭指灯牌的车辆或强光警示灯；设立的标志标牌应符合《道路交通标志和标线》GB 51038—2015 的规范要求，做到"标志鲜明、图案清晰、意图明了、安全有效"。

2. 养护维修的标志标线属于道路施工临时性安全设施，交通标志与标线应组合使用。

3. 在养护维修作业期间，长期定点养护维修作业应根据实际情况改变道路原有的标志标线。

4. 在养护维修作业中，可用作渠化交通的安全设施有锥形交通路标、路栏、施工隔离墩和防撞桶（墙）等。

5. 在养护维修作业中，其他设施可采用移动式标志车、警告灯、闪光箭头板、夜间照明设施。路面标记主要有反光成型标线、临时导向箭头、文字标记。

15.4 养护维修作业控制区

1. 机动车道养护维修作业控制区应由警告区、上游过渡区、缓冲区、工作区、下游过渡区及终止区组成，快速路养护维修作业控制区布置参见表 15-1。

表 15-1 警告区最小长度 S （单位：m）

道路类型	警告区最小长度	备注
快速路	1600	考虑道路交通流量、时段、封闭道路车道数、原来道路车道数、养护期间道路的同行能力等因素设置施工标志加强交通引导
主干道	100	
次干道		

2. 当需要封闭车道时，必须设置过渡区。过渡区的设置

应使车流的变化平缓。每车道封闭上游合并车道过渡区的最小长度 L 应按表 15-2 选取。每车道封闭上游变换车道过渡区的最小长度取 $0.5L$。当在隧道内时，从隧道入口起每车道封闭上游过渡区的最小长度取 $1.5L$。每车道下有过渡区的最小长度取 $0.5L$，但每车道的长度不应大于 30m。双向两车道的道路上，其中一车道封闭养护维修作业，另一车道用双向通行，此时过渡区的长度最大取 30m。

表 15-2 每车道封闭上游合并车道过渡区的长度 L_s

（单位：m）

限制速度（km/h）	车道宽度 L_s（m）		
	3.0	3.5	3.75
60	70	90	90
40	30	40	40
30	20		

3. 缓冲区的长度按表 15-3 选取。

表 15-3 缓冲区的长度 H （单位：m）

限制车速（km/h）	30	40	60
H	35	50	85

4. 快速路的终止区最小长度宜取 30m。主干道、次干道和支路终止区长度宜取 10m。

5. 非机动车道养护维修作业控制区。

（1）非机动车道的养护维修作业控制区在不同路况下的布置，根据养护维修作业的需要确定。

（2）非机动车道和机动车道间无两侧分车带或分隔物时，非机动车道的养护作业区布置应按照机动车道的养护维修作业区布置。

（3）非机动车道应留出 2m 供非机动车通行，缓冲区取

2m，不设警告区、下游过渡区及终止区，上游过渡区取5m。

（4）非机动车道不能留出2m供非机动车通行，人行道宽度不小于3m，非机动车借用人行道通行，缓冲区取2m，不设警告区、下游过渡区及终止区，上游过渡区取5m。

（5）非机动车道不能留出2m供非机动车通行，人行道宽度小于3m，非机动车借用机动车道通行，非机动车道的养护维修作业区布置应按照机动车道的养护维修作业区布置。

15.5 人行道养护维修作业控制区

1. 人行道可以留出1m供行人通行并应保证行人的安全，不设警告区、缓冲区、下游过渡区及终止区，上游过渡区取2m。

2. 人行道不能留出1m供行人通行，而非机动车道宽度不小于3m，行人需占用非机动车道通行，人行道的养护维修作业控制区布置应按照非机动车道的养护维修作业区布置。

3. 人行道不能留出1m供行人通行，而非机动车道宽度小于3m，行人需占用非机动车道通行，非机动车需占用机动车道通行，人行道的养护维修作业控制区布置应按照机动车道的养护维修作业控制区布置。

4. 人行道不能留出1m供行人通行，没有专门的非机动车道，行人占用机动车道通行，人行道的养护维修作业控制区布置应按照机动车道的养护维修作业区布置。

5. 工作区长度根据养护维修作业的需要确定。

15.6 养护维修安全作业

1. 在道路上进行养护维修作业的人员必须穿着带有反光标志的橘红色工作装（套装），管理人员必须穿着带有反光标志的橘红色背心。

2. 夜间养护维修作业时，养护维修作业区内所有的临时标志必须采用高强级反光膜；养护维修作业工作区内必须保证有充分的照明；必须依据有关规定备案。

3. 在养护维修作业时，必须按作业控制区交通控制标准设置相关的渠化装置和标志；快速路大中修养护维修作业时，必须有专职的安全员，其他类型的养护维修作业需指派专人负责维持交通。

4. 在养护维修作业控制区内，应保持场地场貌整洁，无渣土撒落、泥浆、废水流溢，保持施工现场道路畅通，排水系统处于良好状态。

5. 施工区域与非施工区域必须设置分隔设施。中心区域、商业中心、交通枢纽等区域长期养护维修作业必须设置连续、密闭的围栏，采用全封闭分隔设施。设置固定分隔设施的，其高度不低于2.5m，即下部砌筑0.5m高的砌块，水泥砂浆抹面，上部采用2m高的涂塑钢板或其他质量更好的硬性材料，使用的材料应当保证围栏稳固、整洁、美观。短期养护维修作业和临时养护维修作业设置活动式路栏。

6. 在工地围栏内建筑材料、垃圾和工程渣土等物的堆放高度应低于围栏或路栏的高度，不得在工地围栏外堆放建筑材料、垃圾和工程渣土等物。在经批准临时占用的区域，应当严格按批准的占地范围和使用性质存放、堆卸建筑材料或者机具设备。

7. 登高作业必须严格按照《建筑施工高处作业安全技术规范》JGJ 80—2016 相关规定执行。

8. 为确保交通安全，交叉路口养护维修作业区域需采用通透性材料进行围护，保证交叉口视距三角形内区域的通透和整洁。

9. 各种施工机械进场须经过安全检查，合格后的方能使用。施工机械操作人员必须建立机组责任制，并依照有关规定持证上岗，应用符合规定的车辆接送养护维修作业人员。养护维修作业人员不得在控制区外活动或将任何物体置于控制区以外。

10. 养护维修作业时应根据工作实际情况，了解可能涉及的各种管线和公共设施（煤气、水管、电缆、光缆、架空线等），施工期间采取相应的措施进行保护，应与有关单位联系，取得配合。

11. 应对需要养护维修作业区的实际交通及道路情况，做出相应的交通管理方案。

12. 养护维修作业车辆尾部必须设置箭头灯。

15.7 文明施工与环境保护

1. 严格按照《杭州市建设工程文明施工管理规定》要求，实施标准化养护，严格控制噪声、废气、粉尘排放，严禁随意处置养护废旧料，最大限度减少养护作业对附近区域交通及市容环卫的影响。

2. 以文明施工为准则,规范布置警告、警示及文明施工告知铭牌,不随意封闭交通。养护区域与非养护区域间必须采用安全隔离设施进行隔离,保证车辆、行人的安全。

3. 养护作业人员应按规定统一着装,作业时不穿拖鞋、不赤膊;拒绝"七不规范",养护施工作业时不大声喧哗,发现问题及时整改,严肃处理。

4. 加强车辆、养护机械的管理,定期进行维修保养、年检,杜绝废气、噪声超标现象,不使用降尘装置失效的机具设备,严格控制施工时的烟尘。

5. 规范养护材料、废旧料的堆放,妥善停放机械设备和车辆,加强养护废旧料再生利用。加强建筑材料及土方的运输进出场管理,做好车辆所经过路线的道路保洁工作。施工现场每天做到工完、料净、场地清。

6. 养护作业现场应有食用水供应,养护班组应配备急救药品,根据季节变化,做好季节性防病和防暑降温等工作。

7. 确保办公场所和宿舍等内部的环境清洁、卫生,实行卫生责任区域值日制。

16 预 养 护

16.1 预养护理念

道路预养护是路面养护的一种全新理念。它的核心概念是在最佳的时间对合适的路面采取有效的措施。具体来讲,路面预养护是在路面结构良好或是路面病害发生初期,即对其进行预防性养护,不让道路病害进一步向更深层次发展,以达到保持或提高路面使用性能、延长路面使用寿命和减少路面周期养护费用的目的。它与过去道路养护遵循的"先损坏后维修"的传统养护方式截然不同。路面预养护技术在欧美发达国家和地区已普遍推广使用。预养护具有施工方便、施工期短、社会效益和经济效益良好的优点。

按照延缓设施设备老化,延长设施设备寿命的原则,主动寻找预防性养护对象,开展预防性养护工作,积极探索道路沥青路面的预养护技术,引进稀浆封层及微表处等预养护措施,这些预养护措施大大保持了道路完好率和平整度,有效提高了路面质量,延长了大中修的养护周期,从而降低了综合养护成本。

16.2　养护前的准备

1. 做好气象、地形和水文地质情况的调查，地上、地下情况的调查，各种物质资源和技术条件的调查，特别是要做好路况的调查和巡视工作。
2. 组织材料按计划进场，并做好验收工作。
3. 提出机具、运输计划，保证养护工作的需要。
4. 根据所需要的各工种的劳动力情况，安排施工班组进场。
5. 积极与相关部门联系，保证养护工作顺利进行。
6. 提出科技进步在养护工作中的具体实施计划。

16.3　水泥混凝土道路的修理

16.3.1　混凝土结构表层缺陷的维修

混凝土结构表层缺陷的类型有蜂窝、露筋、麻面、空洞、磨损、老化、表层成块脱落、结构变形、接缝不平。

（1）混凝土修补法一般直接灌注、喷射及压浆等。面积较大的修补工作，在灌注前还应立上模板，以保证修补的外观质量。

（2）施工前应把结构中的蜂窝或空洞缺陷部分尽可能凿除，且对修补部位进行凿毛处理，并使老混凝土表面保持湿润清洁不沾灰尘；为使新老混凝土结合良好，应在界面上涂抹一层水泥砂浆或其他界面处理剂。

（3）修补完成后要加强养护。

16.3.2 水泥混凝土裂缝修补

水泥混凝土路面裂缝的修补，常采用压注灌浆法、扩缝灌浆法、直接灌浆法和条带罩面法等。

1. 压注灌浆法

对宽度在 0.5mm 以下的非扩展性的表面裂缝，可采取压注灌浆法。

（1）用压缩空气清除缝隙中的泥土杂物。

（2）将松香和石蜡按 1:2 配置好并加热融化。

（3）每隔 30cm 安置一个灌浆嘴。

（4）用胶带将缝口贴牢，并在灌浆嘴及胶带上加封松香石蜡。

（5）用压力灌浆器将灌浆材料溶液压入缝内。

2. 扩缝灌浆法

水泥混凝土路面接缝的局部性裂缝且缝口较宽时，可采用扩缝灌浆法，其施工工艺如下：

（1）先顺着裂缝用冲击电钻将缝口扩宽成 1.5cm 的沟槽，槽深根据裂缝深度确定，最大深度不得超过原水泥板的 2/3 的厚度。

（2）用压缩空气吹除混凝土碎屑，填入粒径为 0.5cm 的清洁小石屑（含泥量小于 1%）。

（3）根据选用的裂缝修补材料使用方法，准备好灌浆材料。

（4）灌入选用的裂缝修补材料。

（5）用远红外灯加热增强 2～3h 即可通车。

3. 直接灌浆法

对非扩展性裂缝，可采取直接灌浆法。

（1）先将缝内泥土、杂质清除干净，随后用钢丝刷将缝口刷一遍，并用吸尘器将浮土吸掉，确保缝内无水，干燥。

（2）缝内及路面先铺一层聚氨酯底胶底层，厚度为（0.3±0.1）mm。底胶用量为 0.15kg/m^2，底胶铺设采用涂刷方法。

（3）将灌浆材料灌入缝内，固化后达到通车强度，即可放行。

4. 条带罩面法

对贯穿全厚的开裂状裂缝，宜采取条带罩面法进行修补。

（1）首先顺裂缝两侧各约 20cm，且平行于缩缝切 7～10cm 深两条横缝。

（2）在两横缝内侧用风镐或液压镐凿除混凝土 7～10cm。

（3）沿裂缝两侧 10cm，每隔 50cm 钻一对钯钉孔，钯钉孔的直径略大于钯钉的直径。

（4）用 φ16 螺纹钢筋制作长 20cm、弯钩长 7cm 的钯钉。

（5）将孔槽内填满快硬砂浆，安装钯钉。

（6）人工将切割的缝内壁凿毛，以增加新老混凝土的粘结力。人工去除已破裂尚未掉下来的表面裸石。

（7）在修补面上先刷一层同混凝土配比的修补砂浆，然后浇筑快硬混凝土。

（8）喷洒养生剂养生，为防止修补混凝土中的水分沿相邻老混凝土内 20cm 以上渗漏。

（9）用切缝机加深缩缝。

（10）灌填缝料。

（11）在裂缝端部路肩处修盲沟以利排水。

5. 表面龟裂的处理

（1）对于表面裂缝较多及表面龟裂的情况，可把裂缝划为一个施工面。

（2）将其施工面中的裂缝凿成一块 3～6cm 的凹槽。

（3）把混凝土碎屑吹除干净。

（4）配置聚合物乳液混凝土或备好其他修补材料。

（5）浇筑修补混凝土。

（6）喷洒养生剂养生。

（7）养生至规定通车强度时即可通车。

16.3.3 水泥混凝土局部修补

1. 孔洞坑槽修补技术

（1）对孔洞与坑槽的修复　孔洞、坑槽的出现主要是由于混凝土材料中夹带木块、纸张和泥块等杂物所致，影响行车的舒适度。其修补的工艺如下：

先将孔洞凿成形状规则的直壁坑槽──→用钢丝刷将破坏处的尘土、碎屑清除──→用压缩空气吹干净修补面──→填上聚合物乳液混凝土──→喷洒养生剂。

然后认真养生至规定通车强度时即可通车。

（2）对连片的小坑洼和较深孔洞的修复　遇到这种水泥混凝土路面时，应集中地划出一个施工作业面，四边采用标志隔离，然后按下述工艺过程施工。

① 首先放样，用粉笔将需要修补的水泥混凝土路面画出处置区域。

② 然后用切割机将所画的处置区域边线切成 5cm 以上的深槽。

③ 用风镐将所需修补处的路面打烂，将废料取出运走，

并且人工将切缝机切过的光滑面打毛,以提高新老混凝土的黏结力。

④ 用压缩空气吹除混凝土碎屑,并用水冲洗其修补工作面。

⑤ 配置聚合物砂浆或聚合物混凝土碎屑。

⑥ 将配置好的水泥乳液均匀地在坑面涂刷一层。

⑦ 把拌好的混凝土倒入坑内摊铺、振捣、提浆、抹平。

⑧ 喷洒养生剂养生被修补的水泥混凝土路面。

2. 水泥混凝土路面错台

混凝土路面错台的修理,可根据板块错台的高度采取相应的修补方法。

(1) 错台高度 $0.5<h<1cm$ 时,采用切削法修补。

使用带扁头的风镐,像石匠凿石头一样,均匀地将高起处凿下去并与邻板齐平。

(2) 错台高度 $h\geqslant1.0cm$ 时,采用凿低补平罩面法修补。

将低下去的一侧水泥板凿除 1~2cm,使用 J-6 胶乳砂浆材料修补。修补长度按错台高度除以 1.0% 坡度计算。

3. 水泥混凝土路面板体拱起及磨光的处理

(1) 路面板体起拱的处治。当水泥混凝土路面胀缝的上部被硬物阻塞,缝两旁的板体因受热伸长而把板拱起时,应立即用大切缝机将板拱起的部分以 $\triangle L1+\triangle L2$ 和 1~2cm 预留缝切除,使相邻板放平,并在缝隙内灌填料。

(2) 路面磨光的处治。为了改善水泥混凝土路面的防滑性能,可采用刻槽机对磨光的路面进行刻槽处理。刻处槽宽 3mm,最大深度 10mm,间距 25mm,槽的形状和间距可通过改变刀具外形及刀片间隔尺寸进行调整槽深可根据需要在 10mm 范围内任意调节,按直线前进。

4. 水泥混凝土路面板角修补

主要施工工艺如下。

(1) 按板角断裂破裂面的大小确定切割范围。

(2) 用液压镐凿除破损部分,尽可能保留原有钢筋。

(3) 对基层采用 15 素混凝土补强。

(4) 在新老混凝土之间加设传力杆。

(5) 在原有路面板接缝面涂刷沥青。

(6) 浇筑快硬混凝土。

(7) 用养护剂养护。

(8) 待混凝土达到强度后,方可开放通车。

16.3.4 水泥混凝土路面整块更换修补

对于严重断裂、裂缝处有严重剥落、板被分割成 3 块以上、有错台或裂块、已开始活动的短板,应采用整板更换的措施。

1. 整块修补施工工艺

(1) 放样、锯切混凝土板 沿着指定的横向和纵向边界进行全深度切割,锯板工作要比混凝土去除工作提前 1d。对于以集料嵌锁传递荷载的无传力杆全深度补块来说,应在全深度补块外侧 4cm 处锯部分 5cm 深的缝。

(2) 混凝土去除 在去除混凝土块过程中不要伤及基层、相邻路面和路肩。在锯混凝土板和吊降过程中被破坏的地方,要通过外移补块边界将其包括在补块内一并修理。

混凝土的去除面积不能超过 1d 内所能完成的全深度混凝土补块量。在工地现场应储备足够的做临时补块用的材料,其量应大致等于去除的混凝土量。在白天完不成混凝土摊铺工作的情况下,才需要做临时补块,夜间不允许任何补块位置处于空缺状态。无传力杆的补块做接面交接的接缝，全深锯口和半深锯口之间有 4cm 宽长条混凝土时，应用凿岩锤敲掉。

(3) 垫层、地基的准备　去除混凝土以后，把所混杂的或松散的垫层材料去掉，混凝土去除后要保护好垫层和基层。如果垫层太干，则需喷水。水量要控制在摊铺混凝土前能吸收掉。垫层地基处在饱和状态时，不适宜摊铺混凝土。对级配集料垫层要压到最佳密实度的 95%，要分层摊铺压实，每层厚度补大于 5cm，设置横向地基排水。

(4) 补块的准备　在板厚 1/2 处钻出比传力杆直径大 6mm 的孔，孔中心距 30cm。钻具应安装在硬框架上以确保钻孔在水平方向和垂直方向上都能对齐，同时使每 30cm 传力杆的误差不超过 3mm。横向施工缝传力杆直径为 25mm，长度为 45cm，嵌入相邻保留板内达 22cm 深，传力杆间距为 30cm。比拉杆直径大 6mm 的拉杆孔应沿相邻板间的纵向接缝在板厚 1/2 处钻孔，中心距为 80cm。拉杆采用螺纹钢筋，长 80cm，40cm 嵌入相邻车道的板内。

(5) 混凝土配料　用水总量应控制在使混合料运到工地最佳和易性所必须的最小值，最大水灰比为 0.40，如采用 JK 系列混凝土快速补剂，水灰比只需 0.30~0.34，其塌落度一般规定为 2cm。

(6) 混凝土摊铺　混凝土应在搅拌开始以后 30~40min 内卸到补块区内摊铺，采用有效的插入式振捣器及平板振捣器振实混凝土，确保传力杆周围和板边充分地振实。

(7) 整平　面层用木制的模板刮平并用镘刀抹平。

(8) 养生　补块表面纹理做好以后，立即用养护剂进行养护，养护剂用量为 $0.28kg/m^2$。

(9) 接缝　混凝土摊铺以后和车道开放交通以前的 12h

内，将板中间的各缩缝先锯刀 1/3 板厚处，灌接缝材料。混凝土铺完以后 5d 内要完成接缝的封缝工作。

16.4 沥青路面的修理

16.4.1 沥青路面修理概述

沥青路面应加强经常性、预防性小修保养，对局部的、轻微的初始破损及时进行修理。

16.4.2 路面裂缝的修理

对于沥青路面纵、横向裂缝，先清扫干净缝隙，并用空气压缩机吹去尘土后，用热沥青或乳化沥青灌缝撒料法去封堵。

1. 裂缝宽度在 2mm 以上

对于 2~5mm 的裂缝采用流动性好的冷灌封料填补裂缝；对于大于 5mm 的裂缝采用高聚物密封胶灌入缝内，灌缝效果达到视觉无冲击、行车无感觉的效果。

2. 宽缝处理法

对一些较宽裂缝，采用上述方法无法起到密封作用时，应按宽缝处理。切割机、风镐沿裂缝走向干切、破除宽 20cm 以上沟槽，深度视路面厚度确定，加热、清理沟槽及周围，采用高分子抗裂贴对路面下层裂缝进行贴封（路面下层裂缝较宽时，应先灌缝），然后按坑槽修补方法修复沟槽。

16.4.3 麻面或松散的修理

对局部地段的麻面或松散，可清扫干净，铣刨后重新摊铺。

16.4.4 拥包的修理

拥包范围内用直尺画线成矩形（与中心线平行或垂直），用小型切割机切深 4cm，再采用宽 500mm 的铣刨机铣平。采用与原有结构层一样的沥青填补，并压实。

16.4.5 坑塘传统修理

测定破坏部分的范围和深度，用直尺画出矩形（与中心线平行或垂直），再凿到稳定部分，深度不小于 3cm，坑壁要垂直。清除坑底后，在干净的坑底、坑壁薄洒一层黏结沥青，厚度视坑塘深度而定，根据原路面结构层次填补混合料或沥青混凝土，填补后压实。坑塘的修补要求做到"圆洞方补、浅洞深补、湿洞干补"。如路面基层损坏，应针对损坏原因，先处理基层病害，再修复面层。

1. 路面基层完好的面层类坑槽（热拌沥青混合料修补）

（1）测定破坏部分的范围和深度，按"圆坑方补"原则，划出与路中心线平行或垂直的修补轮廓线（呈长方形或正方形）。

（2）用切割机依修补的轮廓线切割，其深度切割至稳定部分。机械开槽，槽壁要垂直，清除槽内碎块和杂物，清理槽底、槽壁至干净、干燥。

（3）在槽底、槽壁喷黏层沥青（黏层油）。

（4）分层摊铺热拌沥青混合料，新填补部分应略高于原路面（高出量应根据坑槽深浅、用料的粗细及压实程度而定，必要时计算松铺系数）。

（5）碾压密实，并与原路面保持平整。

(6) 新补混合料稳定后，开放交通。

2. 路面基层损坏形成的坑槽

先处理基层病害，再修复面层。

(1) 沿沥青面层开槽的轮廓线，开挖基层，保持槽壁垂直，槽底平整稳定。

(2) 清除槽内杂物，保持槽底干净，并喷洒少量的水，使槽底湿润。

(3) 将拌和好的基层材料摊铺槽内，振捣（夯实），整平。

(4) 养生后强度达到70%以上恢复面层。

16.4.6 坑塘冷补修理

道路平整无坑是道路养护的基本要求，因此对其坑塘的修补必须及时。当天发现当天修补。

16.4.7 路面沉陷

1. 微沉

纵向10m范围内沉降不超过3cm，跳车不明显，路面横向变形不明显，无积水现象，暂不做处理。如有积水现象，应按照道路线形进行铣刨加层。

2. 沉陷严重

(1) 路基沉陷引起的 应按照"桥头沉陷"处理方法，先压浆稳定路基，再重修路面至纵向平顺。

(2) 基层结构破坏引起的 应按照路面基层损坏修复方法，先维修基层，再重铺沥青面层至纵向平顺。

16.5 人行道修补

因两侧建筑物的管道排水不良、树根推挤、汽车停放等因素使人行道路面破损时,应分析其原因并采取相应改善措施后,再进行人行道路面的修补。

1. 人行道整体修补,应使用不低于原结构强度的同类材料。修理部位的新旧接茬,应平整密实。特别在检查井、雨水口以及公用设施井框接触处,更应精心修复。

2. 人行道修补如涉及更换侧石、平石时,必须先更换侧石和平石后再修补面层。靠近侧石处的人行道应高出侧石顶面5mm。布置绿化的地段,宜先将花坛墙体砌好,再修补面层如图16-1、图16-2所示。

图16-1 人工侧石修复作业　　图16-2 机械侧石抢修作业

3. 铺筑人行道板,应在已达到设计强度的三渣或混凝土基础上采用M10以上水泥砂浆铺砌,最后用黄砂或石屑(细)嵌缝(包括盲人、残疾人通道)。如图16-3所示。

4. 人行道板铺砌时缺角、倒边和断块不得使用。当人行道上缺角、倒边和断块数量超过道板总数的6%,且集中在一

图 16-3 人行道板维修前后对比图
(a) 维修前；(b) 维修后

处时，应及时进行调整；在人行道的转弯处或外边缘与侧石相接造成边角空缺时，应用相同板材切割填充（包括异形板）。如图 16-4 所示。

图 16-4 人行道板铺砌时缺角、倒边和断块修复前后对比图
(a) 修复前；(b) 修复后

5. 水泥人行道板的质量要符合设计要求，使用时应按成品质量标准验收，外观应整齐平整，花纹清晰，无裂缝露面，其抗压强度不得小于 30MPa，彩板不得小于 35MPa，普板厚为 5cm，彩板厚为 6cm。

6. 人行道道板及石材应根据相关型号及配比做总量 3.5%～5% 的物资储备。

16.6 侧、平石修补

侧、平石又称路缘石，其质量要符合设计要求，使用时应按成品质量标准实施验收，一般外观要整齐平整，无裂缝、露骨等，抗压强度不得小于30MPa，外观尺寸长、宽、高误差为±5mm。

人行道斜坡处的侧石，一般比侧平石高出2~3cm，两侧的侧石应用合适的斜坡过渡。

侧石倾斜及平石处积水，应及时修补；侧石、平石损坏，应及时调换。

侧、平石应整齐稳固，线型顺直、圆角和顺，灌浆饱满，勾（抹）缝光洁坚实。

侧、平石修补质量，应符合表16-1的要求。

表16-1 侧、平石修补质量要求

项目	质量要求及允许偏差	检验方法
侧石	1. 线型顺直，外侧凹凸不得大于5mm（花岗石侧石不得大于10mm)	用10m麻线测
	2. 相邻侧石连接平整，高低不得大于3mm	30cm直尺量
	3. 侧石顶面的平整度不得大于5mm	3m直尺量
	4. 侧石接头处砂浆接缝密实，勾凹缝或平缝	
平石	1. 平石与路面接边线平整，平石之间缝宽不得大于5mm，与侧石间的缝隙为0，平石与侧石错缝对中相接	30cm直尺量
	2. 相邻平石连接平整，高低差不得大于3mm	
	3. 平石不得低于雨水口，高不得大于10mm	30cm直尺量
	4. 平石落平顺，无积水现象	
	5. 平顺接头处砂浆接缝密实，勾平缝	

16.7 井圈和井盖养护

1. 井盖必须采用五防井盖，安装位置正确，安装质量牢靠。

2. 窨井壁必须安装铝制身份证标识牌，标识牌的统一安装在井内壁井口向下10cm处，用水泥钉四角固定；由养护专业人员绘制道路示意图标识窨井位置，统一制成表格备查。

3. 及时清除井底淤泥以及其他杂物，以防井底淤泥堵塞管道。检查井淤泥清除主要采用人工清掏方式，需要下井清除的必须仔细做好安全措施。

16.8 附属设施

16.8.1 路铭牌

（1）施工时，严格按施工操作规程进行施工，本次路牌在十字路口设置两块，丁字路口设置1块，道路内长距离无交叉口路段，每隔450～550m设置1块，路牌材料采用铸铁镀锌管和塑铝板制成，路标部分的面积为1120mm×360mm，统一的绿底白字，中英文同时标明，字体为白色反光膜（工程级以上），指示牌材料为3mm铝板上覆绿色反光膜（工程级以上），路牌钢管壁厚3mm，直立铸铁镀锌外径为75mm。

（2）路杆和基础混凝土先浇注，预制基础混凝土为25cm×25cm×25cm见方，路杆底部设两根$\Phi 12$的螺纹钢，每根长度25cm,基础开挖尺寸为35cm×35cm×35cm见方,设置过程中,先在底部铺设5cm厚C20混凝土,然后将25cm见方预制好的基础混凝土放入基坑内,在基础混凝土周围浇注5cm宽的C20混凝土,基础顶面恢复道板,1:3水泥砂浆卧底。

16.8.2 防护栏等设施

(1) 防护栏杆、防护栏、隔离带、防撞墩、防撞护栏等防护设施应完整、美观、有效、不得有断裂、松动、错位、缺件、剥落、锈蚀等损坏现象。

(2) 各类指示类标志应完整、有效、不应误挂和缺项。

(3) 被撞损后的防撞栏杆、防撞墩,严禁使用砖砌筑代替原结构,应原样恢复,严禁使用塑料管仿制。

16.9 桥梁养护方案

16.9.1 桥面铺装

1. 当桥面出现裂缝、松散、坑槽、啃边等病害时,应及时进行保养小修。

2. 桥面铺装出现纵、横向裂横,应及时对桥梁结构进行检查,并分析裂缝产生原因及对策。

3. 沥青混凝土面层的养护维修

(1) 必须随时掌握沥青混凝土面层的使用情况,当面层出现裂缝、松散、坑槽、拥包等病害时,应及时保养。

(2) 裂缝维修应符合下列规定:

① 缝宽在10mm以内的,应采用热沥青灌缝,缝内潮湿

时应采用乳化沥青灌缝；

② 缝宽在 10mm 以上时，应采用细粒式热拌沥青混合料或乳化沥青混合料填缝。

（3）坑槽维修应符合下列规定：

① 坑槽深度已达基层，应先处理基层，再修复面层；

② 在低温、寒冷季节，可采用沥青冷补材料处理；

③ 当采用热修补方法时，应先沿加热边线退回 100mm，翻松被加热面层，喷洒乳化沥青，加入新的沥青混合料，整平压实；

④ 修补坑槽应设置为顺路方向的矩形，坑槽的四壁不应松动，且必须涂刷黏层油，槽深大于 10mm 时，必须分层摊铺压实。

（4）拥包的维修应符合下列规定：

① 拥包峰谷高差不大于 15mm 时，可采用机械铣刨平整；

② 拥包峰谷高差大于 15mm 且面积大于 $2m^2$ 时，应采用铣刨机将拥包全部除去，并低于桥表面 30mm，清扫干净后，喷洒黏层油，并采有热沥青混合料重铺面层；

③ 基层变形形成的拥包，应更换已变形的基层，再重铺面层。

（5）沉陷的维修应符合下列规定：

① 当土基和基层已经密实稳定，可只修补面层；

② 土基和基层被破坏时，应先修补基层，再重铺面层；

③ 桥梁台背填土沉降时，应先处理台背填土后，再修补面层。正常沉降时，可直接加铺面层。

（6）车辙的维修应符合下列规定：

① 车辙在 15mm 以下时，可采用铣刨机械清除；

② 当黏结层损坏时，应将损坏部位全部挖除，重新修补；

③ 因基层局部下沉而造成的车辙，应先修补基层。

（7）麻面与松散的维修应符合下列规定：

① 成为松散状态的面层，应将松散部分全部挖除，重铺面层，或按 0.8～1.0kg/m² 的用量喷洒沥青，撒布石屑或粗砂处置；

② 沥青面层因不贫油出现的轻微麻面，可在高温季节撒布适当的嵌缝料处置；

③ 大面积麻面需喷洒沥青并撒布适当粒径的嵌缝料处置。

（8）波浪（搓板）的维修应符合下列规定：

① 波浪（搓板）的波峰与波谷高差起伏大于 15mm 时，应采用铣刨机削平；

② 当铣刨后的桥面露出粗集料或底面层时，应重铺面层，且厚度应大于 30mm；

③ 当局部强度不足时，应先修补基层，再重铺面层。

（9）泛油的维修应符合下列规定：

① 轻微泛油的桥段，可撒 3～5mm 粒径的石屑或粗砂处置；

② 较重泛油的桥段，可先撒 5～10mm 粒径的石屑采用压路机碾压，待稳定后，再撒 3～5mm 粒径的石屑或粗砂处置；

③ 严重泛油的桥段，应将泛油量过高的软层铣刨清除后，重铺面层。

（10）脱皮的维修应符合下列规定：

① 封层的脱皮，应清除已脱落和松动的部分，再重新做上封层；

② 沥青面层层向产生脱皮，应将脱落及松动部分清除，在下层沥青面上涂刷黏层油，并重铺沥青层。

（11）啃边的维修应将破损的沥青面层挖除，修补缘石，在接茬处涂黏结沥青油，再恢复面层。

16.9.2 伸缩装置

1. 伸缩装置应平整、直顺、伸缩自如,处于良好的工作状态。有堵塞时应及时清除,出现渗漏、变形、开裂,行车有异常响声,跳车时应及时维修。

2. 橡胶板式伸缩装置的固定螺栓松动应及时拧紧;如需更换,更换时间应选择在春、秋两季。

3. 异型钢类伸缩装置应经常清除缝内垃圾,密封橡胶带(止水带)损坏后应及时更换。密封橡胶带的选择,应满足原设计的规格和性能要求。

4. 钢板伸缩装置的钢板开焊、翘起和脱落时,应及时发现并及时补焊。

5. 弹塑体伸缩装置出现脱落、翘起时,应及时清除,并应重新浇筑弹塑体混合料。当槽口沥青混凝土塌陷,严重啃边或附近沥青混凝土超过规定时,应清除原弹性塑体混合料和周围沥青混凝土,重新摊铺、碾压,并应按新建工艺要求安装弹塑体伸缩装置。

6. 伸缩装置保护带应完好,不应有开裂、松散,坑洞的面积不应大于 $0.1m^2$,深度不应大于 15mm。已松散、有坑洞的保护带,应及时修复。而保护带与桥面的接缝高差不应大于 15mm。如图 16-5、图 16-6 所示。

图 16-5　伸缩缝破损

图 16-6　桥梁伸缩缝维护

16.9.3 支座养护

1. 桥梁支座应定期检查和保养,并应符合下列规定:

(1) 支座各部分应保持完整、清洁、有效、应每年检查保养一次,冬季应及时清除积雪和冰块,梁跨活动应自由。

(2) 支座相接触的两个平面应有70%以上的紧贴面,用0.3mm塞尺检查,插入深度范围的面积之和不应大于总面积的30%,边缘最大间隙不应大于0.8mm。

(3) 滚动支座滚动面上每年应涂润滑油。在涂油之前,应先清洁滚动面。

(4) 固定支座每两年应检查锚栓牢固程度,支座垫板应平整紧密,及时拧紧接合螺栓。

(5) 板式橡胶支座恒载产生的剪切位移应在设计范围内;支座不应产生超过设计要求的压缩变形;支座橡胶层不应开裂、变硬、老化,支座各层加筋钢板之间的橡胶外应均匀和正常;支座垫石顶面不应开裂、积水;进行清洁和修补作业时,应防止橡胶支座与油脂接触。

(6) 滚动盆式橡胶支座,固定螺栓不应有剪断损坏,应及时拧紧松动的螺母。

(7) 支座各部分除钢辊和滚动面外,其余金属部分应定期保养,不应锈蚀。

2. 支座的缺陷故障,应及时维修或更换,并应符合下列规定:

(1) 滚动面不平整,轴承有裂纹,切口或个别辊轴大小不合适,应更换。板式橡胶支座损坏,失效应时更换。

(2) 梁支点承台不均匀,应进行调整。

(3) 支座座板翘起、断裂,应予更换和补充,焊缝开裂应予维修。

(4) 对需抬高的支座，可根据抬高量的大小选用下列几种方法。

① 抬高量在 50mm 以内可垫入钢板；抬高量在 50～300mm 的垫铸钢板；

② 灌注高强钢筋混凝土垫块厚度不应小于 200mm。

(5) 滑移的支座应及时恢复原位；脱空支座应及时维修。

3. 辊轴支座，当辊轴出现不允许的爬动、歪斜或摆轴倾斜，应校正支座位置。

4. 弧形钢板支座和摆柱式支座中的钢板不应生锈，钢筋混凝土摆柱不应脱皮露筋，固定锚栓不应切断，滑动钢板不应位移，摆柱不应倾斜。对损伤和超过允许位移的支座钢板，应及时修理更换。

5. 球形支座应每年清除尘土，更换润滑油一次。支座地脚螺母不应剪断，橡胶密封圈不应龟裂、老化。支座相对位移应均匀，并记录位移量。支座高度变化不应超过 3mm；应每两年对支座钢件（除不锈钢滑动面外）进行油漆防锈处理。

6. 小跨径（板）桥油毡支座的油毡层损坏、掉落、老化，应予更换。

16.9.4 墩台

1. 墩台保养和小修应符合下列规定：

(1) 墩台表面应保持清洁，并及时清除青苔、杂草、荆棘和污秽。

(2) 当污工砌体表面部分严重风化和损坏时，应清除损坏部分后，用原结构物相同材料补砌，应结合牢固，色泽和质地宜与原砌体一致。

(3) 污工砌体表面灰缝脱落时,应重新勾缝。

(4) 当混凝土表面发生侵蚀性剥落、蜂窝麻面等病害时,应及时将周围凿毛洗净后,做表面防护。

2. 墩台的维修与加固应符合下列规定:

(1) 当表面风化、剥落深度在30mm及以内时,应采M10以上的水泥砂浆修补;当剥落深度超过30mm,且损坏面积较大时,应增设钢筋网浇筑混凝土层,浇筑混凝土前应清除松浮部分,用水冲洗,并采用锚钉连接。

(2) 墩台出现变形,应查明原因,采取针对性措施进行加固。

(3) 墩台出现裂缝,应查明原因,采取下列措施进行加固。

① 裂缝宽度小于0.2mm时,应进行封闭处理;

② 裂缝宽度大于0.2mm且小于0.5mm时,应灌浆,大于0.5mm的裂缝应修补;

③ 当石砌污工出现通缝和错缝时,应拆除部分石料,重新砌筑;

④ 当活动支座失灵,造成墩台拉裂时,应修复或更换支座,并维修裂缝;

⑤ 基础不均匀沉降,产生自下而上的裂缝,应先加固基础,并根据裂缝发展程度确定加固方法。

(4) 出现桩或墩台的结构强度不足或桩柱被碰撞、折断等损坏时应查明原因,进行加固处理。

16.9.5 附属设施的养护

1. 桥面排水设施

(1) 泄水孔保持完好、通畅,发现堵塞,立即清除疏通。

(2) 排水沟的淤积物应及时清除，沟内流水应畅通，断面完好。对沟断面破损应及时整修恢复。

(3) 经常清除雨水口顶面的杂物，防止砂、石、渣土、垃圾及泥浆落入井内。雨水口和泄水管应经常清捞、疏通，以保持井内清洁，连管畅通。

(4) 雨水口的井盖、井框发生缺失、破裂、缺角，结构发生沉陷、崩坏，应及时更换，并按原设计标准及时修复。

2. 防护设施

(1) 桥梁上的防护栏杆、防护栏、隔离带、防撞墩、防撞护栏等防护设施应完整、美观、有效，不得有断裂、松动、错位、缺件、剥落、锈蚀等损坏现象。

(2) 各类指示类标志应完整、有效，不应误挂和缺项。

(3) 被撞损后的防撞栏杆、防撞墩，严禁使用砖砌筑代替原结构，应原样恢复，严禁使用塑料管仿制。

16.9.6 人行天桥

人行天桥养护以桥梁相关养护为主，道板的相关养护方案与道路道板养护方案相同。

16.9.7 桥梁检测

1. 每座桥梁应建立沉降观测点。

2. 对养护桥梁及附属设施每年进行 1 次全面、详细的检查。根据检查结果进行技术状况综合评定，为养护决策提供依据。

16.10 管道疏通及检查井清捞施工方案

管道疏通具体施工过程如下。

16.10.1 施工现场安全维护

为保障现场施工安全,在进行管道疏通施工前,需对施工现场进行全封闭的安全维护。由于施工现场为一般的临时性维护,因此所采用的安全维护装备主要为施工护栏、三角护锥以及警戒带等,现场安全维护方式参照如图 16-7 所示。

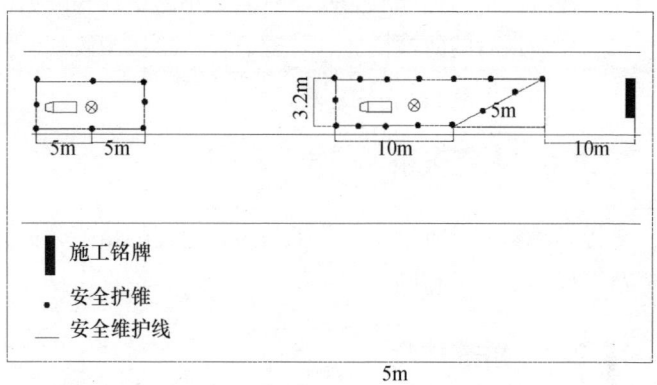

图 16-7　现场安全维护方式

16.10.2 管道封堵及排水施工

按照排水管道的一般封堵技术要求,对于小型管道的封堵计划采用气囊进行封堵,对于大型管道的封堵采用专业潜水员砖石进行封堵,封堵遵循先上游后下游的封堵方式进行施工。具体现场封堵方式如图 16-8 所示。

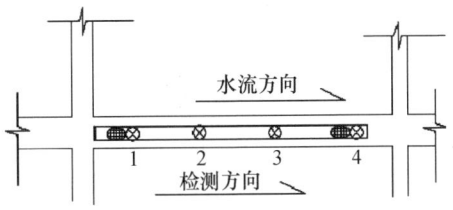

图 16-8　现场封堵方式

16.10.3　管道疏通及管壁清洗

使用高压射水疏通车,高压射水产生的强大压力,通过高压射水头在管道内的来回移动,使高压水流不断冲洗管壁,将管道内部的淤泥清理至检查井内,从而达到彻底疏通管道的效果,确保清洗后管壁无残留物,高压射水车的工作原理图如图 16-9 所示。

(a)　　　　　　　　　　　　(b)

图 16-9　高压射水清洗现场施工图
(a) 高压射水头喷射;(b) 高压射水车

另外管道堵点在清洗后达到水流畅通，对于管道堵塞严重的点，必要时配合绞车或人工疏通进行。其中对于一些大型管道，由于其管径较大，因此高压射水疏通压力达不到预期的效果，对于此类的管道疏通则采用机械绞车配合进行。

如图16-10所示，在管道两端分别设置绞车，管道内放置通沟牛，通过绞车在管道两段来回牵引通沟牛，将管道内的淤泥分别清理至管道两端的检查井内，在管道内淤泥基本清理完成后，再使用高压射水车将管道内壁清洗干净。

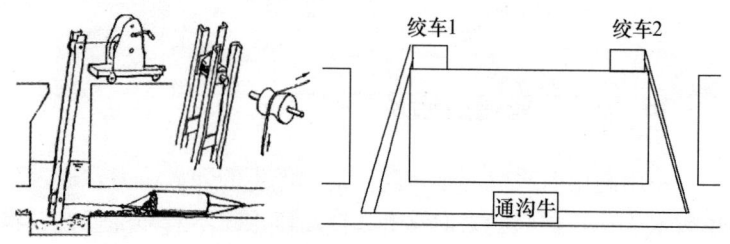

图16-10　绞车疏通示意图

16.10.4　检查井清捞

当管道清洗完成后，在检查井内气体符合安全要求后，由施工人员佩戴自供气式呼吸面具进入检查井，先使用高压射水对检查井井壁进行仔细清洗，然后将检查井内原有的以及由排水管道内清理出的垃圾、淤泥等杂物捞出至地面，确保检查井干净、见底、无残留物。所有淤泥垃圾必须装袋并转运至建设方设置的淤泥堆放地点。

16.10.5　淤泥的处理

由污水管道内清理出的淤泥对环境危害巨大，因此其不能随意放置和丢弃，在疏通工作完成后，必须将管道内每天疏通出的淤泥等垃圾运至业主单位指定地点，保证淤泥在运输及处理过程中不造成二次污染。

对于要疏通清淤之后才满足 CCTV 检测施工条件的管道，在上述工作完成后，开始对管道进行 CCTV 检测。

16.11 管道 CCTV 检测

16.11.1 现场流程

交通维护——→管道通风——→全面堵水——→毒气检测——→管道疏通——→高压冲洗——→CCTV 管道检测——→影像判读、缺陷识别、评估——→记录原始检测资料——→现场检测结束。

16.11.2 交通维护

对待检测段采用临时维护及反光锥交通维护，在施工前方 50m 处设置施工标识牌、交通指示牌，以指导交通。夜间施工需设置指示灯，有足够的照明灯光。对打开的检查井设专人看管，设置隔离标识，人员离开时井盖盖回。

16.11.3 管道通风

打开疏通段上下游井盖，运用轴流风机一头吹，一头吸，对疏通段进行全面通风。

16.11.4 全面堵水

用气囊堵水,确保堵水处不会漏水,影响疏通工作的正常进行;

使用工具为:进口堵水气囊;

辅助工具:5kW 汽油发电机,气泵、气表、气管,汽油泵(3寸)、软管(图16-11);

堵水点:将疏通管道上游井口用气囊堵水,如有必要汽油泵配合堵水后临时调水工作。

图 16-11 堵水工具

16.11.5 毒气检测

运用毒气检测仪对疏通段进行有毒、有害气体检测(图16-12),主要检测气体为 H_2S、SO_2、CO、可燃性气体等,符合要求后人员才能下井操作。

16.11.6 管道疏通

将疏通管道之间的水位降至最低点,然后开始拉膛清淤、疏通工作,管道被泥浆、砂土、水泥砂浆堵塞时,小于 $DN800$ 的管道,使用专业工具清除;大于 $DN800$ 的管道,委派施工人员进入管道或使用专业工具清除。如图16-13所示。

16 预养护

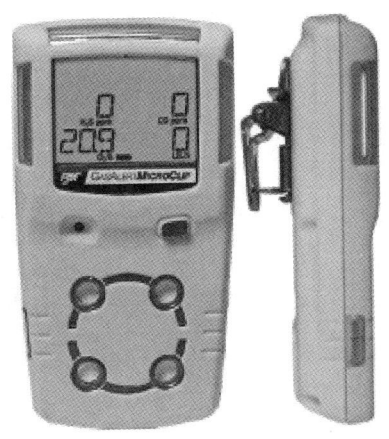

图 16-12 毒气检测仪

(a) (b)

图 16-13 管道疏通
(a) 拖牛；(b) 清泥

16.11.7 高压冲洗

高压水清洗车（图 16-14）从上游井口进入向下游井口移动反复清洗直至管道达到检测的要求（清洗标准要求无石块、

沙粒、无成堆的淤泥),同时 CCTV 检测设备从上游井口进入待检测管道间监视并配合高压清洗工作。

图 16-14　高压冲洗设备

16.11.8　管道检测

管道疏通完成后,用 CCTV 检测设备(图 16-15)对管道进行一次全面的检测。通过检测能够客观实际的反映出管道的问题,为出具管道检测说明资料提供准确的管道信息。

图 16-15　CCTV 检测设备

16.11.9 影像判读、缺陷识别、评估

对管道内部的各类缺陷的进行定义并分类,并按照轻重情况确定其等级。

16.11.10 记录原始资料

对检测原始资料和缺陷描述进行记录,管道内影像存储。

16.11.11 现场检测结束

检查井盖是否盖回,场地清理、恢复交通。

16.11.12 出具检测资料

根据在现场对管道进行 CCTV 内窥检测工作得到的原始资料,对管道的现状进行评估。评估分为功能性情况和结构性情况的评估,一般规定在同一处有两种以上缺陷同时出现时,权重求和;在一米范围内两种以上缺陷同时出现时,权重求和。管道评估工作一般采用计算机评估辅助系统进行,以管段为最小评估单位,出具检测资料光盘和检测情况说明。

16.12 路灯设施施工

为保证本项目范围内路灯(图 16-16)亮灯率(亮灯率指所检查路灯的亮灯数与检查路灯的总灯数之比)达到 99% 以上,设施完好率(主要包括灯杆灯具完好率、线路完好率、配电箱完好率、照明及交通设施清洁率等)达到 97% 以上,城

市照明及其附属设施外观整洁、安全、完好，按时亮灯熄灯，在盛夏高温季节按照有序用电要求实施亮灯；电杆配电箱等附属设施完好，无破损、油漆剥落和锈斑；灯杆无倾斜，路灯设施无缺损现象；照明质量好，照明亮度在标准范围内，无缺亮、断亮现象；控制箱完好无损；内部线路连接整齐、牢固；重大节庆活动、重大会展活动、重大体育赛事、重要接待活动或其他临时应急活动期间的亮灯保障安全有序，亮灯率达100%；路灯养护采用机械化作业，文明安全施工，无安全责任事故。拟定以下养护方案：

图 16-16　路灯

16.12.1　日常及夜间路灯巡检

进行日常及夜间路灯巡检，做好巡检记录：

1. 定期巡视：路灯每周一次定期巡视，并做好记录；地埋路灯电缆线路每半年巡查一次。为了掌握路灯设施的完好状况，及时发现和消除缺陷，预防事故，确定检修周期、内容，保证安全运行，必须对路灯设施定期进行巡视与检查。

2. 特殊巡视：因台风、暴雨、节假日、线路异常，故障跳闸等情况，对路灯进行特殊巡视，并做好记录；接地（或接零）装置每年在干燥季节进行一次检查，测试其接地电阻是否不大于 10Ω。

一般性安全隐患 24h 内处理完毕，并及时填写故障处理记录，特殊性安全隐患做好现场防护措施及填写处理记录，及时上报领导，提出解决方案，尽快解决该安全隐患，做好检查记录。

每周定期对路灯集中监控系统设备及路灯各配电室（柜）、工具及环境卫生进行检查和清扫，工具摆放要规范、整齐，环境干净整洁。定期刷防锈漆，以防锈蚀。灯具、灯架、引下线每年巡查一次，每半年做一次清洁工作。

16.12.2 路灯巡检注意事项

根据路灯设施维护进行检修时，应对灯具、光源电器、线缆等设备进行全面认真地检查，采用临时电源线连接灯盘上电源插头通电修理时，为安全起见，必要时可加装触电保护器以防触电，同时对下列问题进行常规维护保养。

1. 钢丝绳在收放过程中，一方面检查钢丝绳索外观状况，另一方面注意钢丝绳是否出现重叠、绞股、锈蚀、断股以及严重受力等现象，检查各滑动部件是否灵活可靠。

2. 更换损坏的光源电器、电缆等，并检查所有固定螺栓是否松动、牢固、安全可靠，定位销和自动挂钩是否灵活可靠等，锈蚀严重的应予更换。

3. 固定在灯杆底部的电动机、齿轮箱等传动机构，应尽可能进行封闭遮盖,以防线圈受潮而绝缘损坏,检查齿轮箱内油液是否足够,机油是否发黑或有杂质。可移动电机传动机构,应放置在干燥地方,运行前应用摇表测试其绝缘电阻(不得小于1mω)才能使用。

4. 路灯的控制电路中的交流接触器、热继电器、行程开关、指令控制器等控制电器,操作前应全面进行认真细致的检查,发现问题的电器元件应尽快更换,严禁带病操作。

5. 高杆照明设施的接地保护装置、避雷装置每年雨季前必须例行检查,对接地电阻进行测试,达不到接地电阻值(应小于10ω)应及时进行处理。

6. 以上各项检修内容都必须建立台账记录在案。

16.12.3 路灯杆的巡查检修

1. 杆身是否倾斜、被撞、杆基有否下沉或变形、底座及地脚螺丝是否稳固,如有以上情况,应及时处理并逐级报告;

2. 未经允许严禁在路灯杆上牵挂广告牌或横幅,一经发现给予拆除;

3. 每年对金属电杆的接地电阻测试一次,接地电阻应不大于4Ω,若超过应采取一些电杆漏电保护措施处理;

4. 灯杆如有外漆脱落或生锈,视情况需更换或重新刷漆;

5. 路灯铭牌是否完好,若有缺失需尽快补挂。

16.12.4 电缆线路的巡查检修

1. 地下电缆路径上的路面是否正常,有无挖掘痕迹,如有施工单位施工,应提醒注意,并加强巡视;

2. 电缆线路上不得栽种树木,堆置重物、排泄化工污染物、汽油、机油、易燃物或埋设任何东西;

3. 检查电缆有无破损，接头有否过热及存在烧蚀情况；

4. 低压电缆绝缘电阻用 500V 摇表测量，绝缘电阻值必须在 $0.5M\Omega$ 以上。

16.12.5　路灯配电箱（室）的巡查检修

1. 巡查检修人员应熟悉掌握配电箱（室）设施、运行方式、控制方式、供配电容量及运行情况；

2. 配电箱（室）应保持清洁、明亮，有防止小动物窜入，检查配电箱（室）是否漏雨积水，门窗、电缆等设施是否齐全有效；

3. 开关断合标志、指示灯指示是否正确，开关、磁吸开关、灭弧罩应完整无烧痕，保险管应完整，熔断丝应工作正常，内部无响声；

4. 检查避雷器外壳无破损裂纹、内部无异声，接地良好；

5. 电缆应绝缘良好，接头无过热、烧焦等现象；

6. 配电箱基座应稳固，接地良好。

16.12.6　电缆的维护

电力电缆故障一般为绝缘层老化变质，电缆过热，护层腐蚀以及电缆安装工艺故障等问题。

1. 对中间制头和终端制头制作工艺，可以加强入网电缆头附件试验指导，在执行相应规定的基础上，严格把关。剥离护套、绝缘屏蔽层、半导体层时细心操作，对绝缘表面进行彻底打磨和清洁，防止杂质颗粒遗留在绝缘层上，安装环境的湿度保持低于 70%。

2. 对电缆安装作出一系列明确规定，铠装层和铜屏蔽层必须单独接地，且截面不小于 $25mm^2$，单芯电缆必须是受电端一点接地，三芯电缆必须两端接地，同时要对电缆线鼻做镀锡处理。

3. 为防止电缆回外力受损,可以对受力部分做穿管保护并加以固定,中间接头外部加以保护,接头两端固定防护,在养护过程中,保证线鼻不被外力扭动变形,如果必须要做扭动处理的,应采取措施使表面平整,电缆附近有施工队施工时,要增加醒目牌,必要时派人提醒施工人员。

4. 切开接头,在切开前首先要检查接头内是否有积水及潮气,若存在,不能用喷灯切开接头,因为喷灯加热会使潮气从接头两侧赶向电缆内部,最好用铁锤和砍刀切开套管,如果没有潮气及水分,则可用喷灯把铅套烫开,除去铅套污垢,刮净锈斑,擦去焊锡渣,从电缆连接处,以备再用。

5. 相关灯具及管线应根据相关型号及配比做总量3.5%~5%的物资储备。

16.13　河道养护

为进一步巩固河道整治成果,建立健全河道长效管理机制,落实河道保洁、绿化养护和设施管理等各项工作,实现河道水清、面洁、岸绿、通畅的目标。特制订河道养护管理办法具体如下。

16.13.1　适用范围

适用于养护范围内所有的河道。

16.13.2　养护标准

1. 设施

(1) 堤防护岸保持完整,基本达到原设计标准。

(2) 河岸护栏、铭牌、宣传牌等设施保持完好,发现损坏及时修复。

(3) 防汛通道保持平整、完好,无坑洼、破损,路基无塌陷。

2. 绿化

(1) 河道管理范围内基本无露土。

(2) 绿化植物年保存率达到 98% 以上,无占绿、毁绿现象。

(3) 乔木、灌木、草坪等绿化,基本无杂草、霉污、病枝、虫害、枯枝和枝体倾斜、叶面破损等现象。

(4) 水生植物应按植物季节割除老叶,对割除的老叶专门堆放,集中处理,不影响水面保洁。

3. 保洁

(1) 河面保持基本清洁,每 5000m^2 水面漂浮物控制在 1m^2 以下。

(2) 河道管理范围内应做到基本清洁、无废弃物(垃圾)、白色污染物衣吊挂物。

(3) 河道管理范围内无垃圾堆积(包括建筑垃圾)。

(4) 清扫垃圾应集中到规定地点统一处置,并做到当日垃圾当日清除。

4. 其他

(1) 河道管理范围内的建筑物、构筑物立面及指示牌、废物箱等无明显污迹、积尘,无乱贴、乱挂现象。

(2) 河道管理范围内无新的乱搭、乱建、污水偷排等违法、违章行为。

(3) 制止未经审批的筑坝、设置网等行为,一经发现,及时清除。及时清理河道内的三无船舶。

16.13.3 管理职责

1. 河道管理应接受技术指导、监督。
2. 定期对河道养护情况进行考核,对考核不合格的情况要求立即进行整改,达到要求。

参考文献

[1] 金荣庄,尹相忠,黄宗壁. 市政工程质量通病及防治[M]. 北京:中国建筑工业出版社,1998.

[2] 徐剑,黄颂昌. 沥青路面预防性养护理念与技术[M]. 北京:人民交通出版社,2011.

[3] 中华人民共和国住房和城乡建设部. 城镇道路工程施工与质量验收规范(CJJ 1—2008)[S]. 北京:中国建筑工业出版社,2008.

[4] 中华人民共和国住房和城乡建设部. 城镇道路养护技术规范(CJJ 36—2016)[S]. 北京:中国建筑工业出版社,2017.

[5] 中华人民共和国交通运输部. 公路沥青路面再生技术规范(JTG F41—2008)[S]. 北京:人民交通出版社,2008.

[6] 中华人民共和国公安部. 道路作业交通安全标志(GA 182)[S]. 北京:中国标准出版社,1998.

[7] 国家质量技术监督局. 道路交通标志和标线(GB 5768)[S]. 北京:中国标准出版社,2009.

[8] 国家环境保护局. 建筑施工场界噪声限值(GB 12523—1997)[S]. 北京:中国环境科学出版社,1997.

[9] 中华人民共和国住房和城乡建设部. 建筑施工高处作业安全技术规范(JGJ 80—2016)[S]. 北京:中国建筑工业出版社,2016.

[10] 交通部公路科学研究院. 微表处和稀浆封层技术指南(JTG/T F40—2002)[S]. 北京:人民交通出版社,2006.

[11] 交通部公路科学研究院. 公路沥青路面施工技术规范(JTG F40—2004)[S]. 北京:人民交通出版社,2005.